설교자가 꼭 명심할
9가지 설득의 법칙

설교자가 꼭 명심할
9가지 설득의 법칙

1997년 8월 30일 제1판 1쇄 발행
2009년 3월 20일 제2판 1쇄 발행
2018년 10월 20일 제2판 4쇄 발행

지은이 | 박 영 재
펴낸이 | 이 요 섭
펴낸데 | 요단출판사

150-870 서울특별시 영등포구 국회대로 76길 10
기 획 | (02) 2643-9155
영 업 | (02) 2643-7290-1
　　　 Fax. (02) 2643-1877
등 록 | 1973. 8. 23. 제13-10호

ⓒ 박영재 2009

정가 10,000원

ISBN 978-89-350-1213-8 03230

이 책의 저작권은 저자가 소유하고 있습니다.
저자와 출판사의 사전 승인없이 책의 내용이나 표지 등을 복제, 인용할수 없습니다.

요단인터넷서점 www.jordanbook.com

설교자가 꼭 명심할
9가지 설득의 법칙

박영재 지음

요단

● 추천의 글 ●

조화된 설교의 길잡이

목회자와 목회자가 되기를 원하는 모든 사람에게 가장 중요한 것은 설교하는 일이다. 성도들의 여론조사를 보아도 목회자의 설교가 가장 중요하다고 말하고 있다. 아무리 심방을 잘해서 교회에 왔다 해도 먹을 것이 없으면 한두 번은 인간관계 때문에 또는 체면 때문에 교회에 와주지만(?) 그 다음부터는 오지 않는다.

예배에 있어서 찬양이 차지하는 중요성이 점점 더 부각되고 있기는 하지만 역시 설교가 예배의 중심이다. 목회자가 된 후 일생 설교를 해야 하는데 설교를 잘하는 데 도움을 줄 수 있는 길잡이가 있다면 언제든지 얼마든지 필요하다. 설교를 연구한 한 권의 책 때문에 지난주보다 이번주에 설교를 더 잘할 수 있다면 그 책은 가치 있는 책이다. 마치 화장품이 한 여자를 더 아름답게 해준다면 그 화장품이 잘 팔릴 수 있는 것과 마찬가지이다.

영상에 비친 설교자들을 보면서 우리 설교자들이 얼마나 사회에 뒤지고 있는지를 느낄 수 있다. 전문화 시대에 다른 프로그램들은 전문인의 기능과 아이디어로 청중을 매료시키고 있는데 그런 모습과는 거리가 먼 설교자들의 모습을 보고 세상 사람들이 듣고 싶겠는가, 그냥 지나가버리지 않겠는가를 생각해 보기도 한다. 평생 수없이 설교를 하면서도 설교 전문인답게 자신들을 개발하지 못하고 있다는 느낌을 금할 수 없다.

　성도들에게 깊은 고마움을 느낀다. 우리 목사들이 설교를 정말 재미없게 하는데도 불구하고 그래도 예배시간이 되면 한마디 불평 없이 꼬박꼬박 예배에 참석하는 것을 보면서 예수님께 헌신한 성도들의 모습에 감격하기도 한다. 그리고 때로는 설교자로서 부끄러움을 느끼기도 한다. 목회자는 설교를 더 잘하도록 자신을 발전시켜야 한다.

　여기 미국에서 설교학을 전공하여 박사학위를 받은 젊은 목사가 있다. 세계에서 가장 큰 신학교인 사우스웨스턴 침례신학교에서 목회학 석사를, 강해설교로 가장 이름나 있는 달라스신학대학원에서 신학석사를, 그후에는 최근 젊은 새교장을 만나 역동적 성장과 변화를 체험하고 있는 미국 남침례신학대학원에서 설교학으로 석사와 박사학위를 마치고 강단에 선 박영재 목사가 한국 목회자들의 설교를 위해 이 책을 내놓았다.

　전반부에서는 설교자의 기본 마음가짐의 중요성을 지적하고 설교자와 청중을 하나로 만들어주기 위한 수사학적 예를 들어가면서 설명하고 있다. 사실상 설교자와 청중이 공감대를 형성하지 않고는 설교는 먹혀들어가지 않는다. 이 문제를 명쾌하게 설명해 주어 설교자와 청중을 가깝게 이끌어준다.

　후반부에서는 설득력 있는 설교를 위해 필요한 요소들을 설명하고 있다. 설득력이 없는 설교는 지루한 한 편의 강의에 불과하며 시간낭비이다. 이 책은 어떻게 준비하면 설교가 설득력이 있을까를 차근차근 예를 들어 설명하고 있어 읽는 사람들에게 유익을 준다. 이성과 감정과 의지 사이에 조화된 설교를 이끌어가는 길잡이 역할을 할 것이다.

좀더 공감할 수 있는 설교를 위해 어떤 태도와 언어를 사용할 것인지 매주 고민에 빠져 있는 설교자들과 목회지망생들은 이 책을 참고했으면 좋겠다. 더불어 설교자들을 위한 좀더 구체적인 워크숍과 실습까지 곁들인다면 한국 교회에 많은 유익을 주리라 생각한다.

횃불트리니티 신학대학원 대학교
명예총장 **김 상 복** 목사

● 추천의 글 ●

머리로 가슴으로

박영재 목사님은 설교학자이면서
자신이 좋은 설교자가 되기 위해 애쓰시는 분입니다.
그래서 그의 논리에는 겸허한 실천이
엿보입니다.
그는 로고스와 파토스가 함께 조화된
수사학의 논리로 설교를 조명하고자 합니다.

설교는 객관적인 커뮤니케이션의 이론에서 볼 때
분명한 수사학의 전통을 지니고 있는데
설교자 자신들, 특히 개신교 설교자들에게는
이런 역사적 전통을 확인하고
내일의 새로운 전통을 만들고자 하는
개혁적 비전이 부족했습니다.

현대 설교의 논리에는 머리와 가슴의 조화
그리고 설명과 묘사의 조화가 요청되고 있지만
이것을 학문적 노력으로 세우면서
실천적 도움을 주려는 시도가 빈곤했던 것이

한국 강단의 현실이었습니다.

박영재 목사님의 이 새로운 시도로
한국 교회 강단에
21세기의 크리소스톰들이 부활하기를
기도합니다.

함께 동역자된 이동원

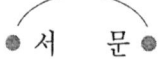

어떻게 설교할 것인가

「설교자가 꼭 명심할 9가지 설득의 법칙」은 설교자의 논리를 개발하는 데 도움을 주기 위해 쓰여진 글입니다. 흔히 설교를 '성령의 역사에 힘입어 성경을 해석하고, 해석된 결과를 청중의 삶에 적용하는 것'으로 인식하지만 설교의 이면에 흐르고 있는 설교자의 논리의 중요성을 부정할 수는 없습니다. 필자는 이의 필요성을 직시하고 수사학에서 강조하는 연설의 논리를 우리 설교 사역에 적용하여 설교자들에게 도움을 주고자 합니다.

지금껏 출간된 많은 설교학 책들과는 달리 「설교자가 꼭 명심할 9가지 설득의 법칙」은 논리성 개발뿐만 아니라 수사학에서 얻을 수 있는 효과적인 연설을 위한 값진 이론들을 담고 있습니다. 이 이론들을 우리 설교자들이 바로 알고 효과적으로 사용한다면 설교 사역이 더욱 알차게 되리라 봅니다. 이런 맥락에서 「설교자가 꼭 명심할 9가지 설득의 법칙」은 그 독특성이나 필요성이 설교자들에게 가치가 있다고 생각합니다. 또 효과적인 학습과 학습의 편의를 위해서 설교자가 쉽게 배울 수 있도록 구체적인 방법론과 그것을 적용한 예들을 제시했습니다.

탈고 후 가장 마음에 와닿는 것은 수사학은 인간의 창의력의 산물로서 하나님이 인간에게 주신 선물이라는 것입니다. 하나님이 설교자에게 주신 이 창의력을 잘만 활용하면 설교 사역에 큰 보탬이 될 수 있습니다. 하지만 성령의 개입은 없고 인간적인 학문이나 논리만 존재하는 설교 사역을 필자는 경계합니다. 설교에서 논리보다도 성령의 역사가 더 중요시되어야 한다는 데에는 이의를 달 수 없습니다. 제임스 필립스(James Philips)의 음성을 들어봅시다.

> 처음부터 성직자의 교육 기관이었던 대학에서 스콜라 신학의 영향은 신학과 철학을 합쳐놓았고, 아리스토텔레스의 논리학을 성경 해석에 적용하였으며, 그 사변과 함께 분석과 추론은 설교에 견딜 수 없는 짐을 부과시켰다. 그 결과, 복음 전달의 효과적인 수단으로서 설교의 기능은 파괴되고 말았다.[1]

이와 같이 설교 사역이 인간의 학문에만 기초하여 진행된다면 뼈아픈 실책을 범할 수 있습니다. 그러므로 무엇보다 성령을 의지하면서 설교해야 합니다. 성령을 의지하여 열린 마음으로 이 책을 대하면 분명 설교 논리 개발과 더불어 설교 발전에 도움이 되리라 믿습니다.

효성교회 목양실에서
박영재

추천의 글 · 김상복/이동원

서 문

1. 설교에 수사학을 사용하라?

2. 수사학의 기본 개념을 알라
   연설 상황 · 29
   연설의 문제들 · 36
   수사와 설교의 차이점 · 41
   수사의 종류 · 43

3. 수사학이 설교에 주는 교훈들
   청중이 설교를 듣게 만들라 · 47
   동조 개념을 활용하라 · 51
   보편적 청중 개념을 활용하라 · 55
   분석된 청중의 삶을 유의하라 · 57
   동일시 개념을 활용하라 · 58

4. 청중 설득의 4가지 요소
   이성(논리)에 호소하라 · 69
   감정에 호소하라 · 93
   이성(논리)과 감정에 호소하라 · 99
   설교자의 인격으로 호소하라 · 105

5. 논리를 개발하라
   분명한 자료를 사용하라 · 109

자료의 출처를 밝히라 · 112
　　사실이나 진리를 사용하라 · 112
　　추정을 사용하라 · 115
　　가치를 사용하라. · 117
　　질을 비교하라 · 119
　　양을 비교하라 · 120
　　질서의 논리를 활용하라 · 122
　　분명한 목적을 제시하라 · 127
　　존재의 논리를 활용하라 · 127
　　본질을 활용하라 · 128
　　연결 고리를 통해 논리를 펼치라 · 129
　　나타남을 사용하라 · 140
　　영적 연합(일체감)을 활용하라 · 146

6. 선한 의지를 자극하라

7. 논리에 화법을 덧입히라

　　과장법을 사용하라 · 159
　　동의적 반복을 사용하라 · 160
　　증폭을 사용하라 · 160
　　부정문을 먼저 사용하라 · 163
　　최상급을 사용하라 · 166
　　수사질문을 사용하라 · 167
　　유사를 활용하라 · 169
　　은유를 활용하라 · 170
　　직유를 사용하라 · 171
　　대위법을 사용하라 · 172
　　제유법을 활용하라 · 173
　　'우리'를 사용하라 · 174

인과의 법칙을 통한 논리를 활용하라 · 174
말씀 인용을 통해 권위를 지니라 · 176
평행구조를 사용하라 · 177
능동태를 사용하라 · 179
불필요한 단어를 제거하라 · 180
대조하라 · 181
반복하라 · 182
긍정문을 사용하라 · 183

8. 그림언어를 사용하라

그림언어 문장의 사용 · 188
스토리 설교 · 192

참고문헌 및 주 · 201

1

설교에 수사학을 사용하라?

2500년의 역사를 지닌
'설득의 학문' 수사학.
지금 수사학이
전달되는 설교,
기억에 남는 설교를 위해
설교자들의 곁으로 달려온다!
간편하게 활용하는
수사학의 기본원리.

Rhetoric

수사학의 기본원리를 활용하라

「설교자가 꼭 명심할 9가지 설득의 법칙」을 통해 설교자들과 지면으로 만나게 되어서 얼마나 기쁜지 모른다. 왜냐하면 설교하는 분들께 도움을 줄 수 있는 기회를 갖게 되었다는 확신 때문이다. 지난 5년간 연구해 온 설교학을 동역자들과 나누는 일이 하나님이 필자에게 주신 사명임을 믿고 있다. 그리고 그 배운 바를 하나님의 나라 확장에 효과적으로 도움이 되게 하고 싶은 마음 간절하다.

젊은 목사로서 우리에게 신선한 충격을 주고 있는 전병욱 목사는 설교 사역을 목사의 사역 가운데 가장 중요한 것으로 여겼다. 또 그 설교 사역은 영혼 구원은 물론 교회 확장에도 승부수를 띄울 수 있는 목회자의 가장 중요한 무기라고 확신했다.[1]

필자는 이 말에 깊이 공감한다. 설교 사역은 하나님이 목회자에게 주신 가장 소중한 특권 중 하나라고 생각하기 때문이다. 모 기관의 사역자가 지방을 방문할 기회가 있었는데, 목사인 남편에 대한 사모들의 가장 큰 불만은 '남편의 불성실한 설교 준비와 설교 내용'이라고 입을 모았다는 것이다. 남편들이 아내를 만족시킬 만한 설교를 하고 있지 못함을 고발한 것이다.

「확신에 이르게 하는 설교」에서 목회자들이 하는 일 중 가장 많은 일이 설교 사역이라고 밝혔다.[2] 동시에 설교자들이 가장 힘들어하며 기피하려는 사역 또한 설교라고 밝혔다. 아이러니하다. 이 같은 모순을 탈피하려고 설교자들은 잘 만들어진 설교를 인용하기도 한다.

이러한 태도는 훌륭한 설교를 하기 위해 배우려는 일환으로 모방하는 차원일 수 있다. 하지만 배우려는 의지나 노력도 없이 잘 포장해 놓은 선물을 뜯어서 나누어주기만 하듯 남의 설교를 전달하기만 하면 언제 자기가 준비하여 만든 선물을 양떼들에게 나누어줄 수 있을까?

모든 설교자의 가슴에는 하나님의 말씀을 잘 전달하고 싶은 욕구가 있다. 하지만 욕구는 있으나 훌륭한 설교를 만들고자 하는 열정이 부족하거나 그런 열심을 갖지 않는 설교자가 있을 수 있다. 그들에게는 설교를 잘 만드는 것이 끝도 없이 어렵게 느껴지기 때문이다.

필자도 설교를 작성하는 데에 무기력감을 느낄 때가 있다. 특히, 말씀을 선포해야 할 시간은 가까워오는데 설교가 만족스럽게 준비되지 않았을 때가 그러하다. 그럼에도 불구하고 필자에게는 설교를 효과 있게 전달하고자 하는 타오르는 불꽃 같은 열정이 있다. 하나님이 양질의 설교를 원하신다는 사실 때문이다. 하나님 앞에서 부끄럽지 않은 설교자가 되고 싶기 때문이다.

필자는 이 책을 통해서 반성하는 차원을 언급하는 것이 아니요 반성을 넘어서 의미 있고 효과 있게 설교를 전달하는 방법을 생각해 보고자 한다. 말씀을 능력 있게 전달하기를 소원하는 사람들과 그 효과적인 방법을 함께 생각해 보고자 한다.

한 편의 설교를 완성하기 위해서 설교자는 거쳐야 할 과정이 많다. 다가오는 주일 설교를 위해서 설교자는 전해야 할 말씀을 하나님으로부터 받아야 하고, 받은 하나님의 말씀에 비추어 본문을 해석하고, 해석된 본문을 효과적으로 전달하기 위해 설교를 논리적으로 구성하여 마침내 능력 있게 전달해야 한다.

이런 과정들을 거치면서 설교자의 개성, 인격, 지적 수준 등이 반영되어 한 편의 설교가 완성된다. 설교가 설교자의 영성과 지성과 인격이 어우러져 만들어진다 해도 어떤 구성법과 어떤 문장을 사용하느냐에 따라 설교의 질과 효과에 차이가 있다.

양질의 설교를 만들어내는 데 설교 구성법과 문장 사용, 그리고 논리 개발에 집중적으로 공헌할 수 있는 부분이 바로 수사학의 영역이다. 결국 말의 힘을 키우는 곳이다. 한 편의 설교 속에 수사학이 효과적으로 사용되고 동시에 성령이 충만하면 그 설교는 효과적이고 능력 있는 설교가 되리라는 것에 더 이상 의심의 여지가 없다.

한국 교회의 강단은 지금까지 영상 있는 설교자들에 의해서 지켜져왔다. 즉 설교자의 영성이 설교의 힘의 핵이었다. 그런데 그 뜨거운 영성이 수사학의 이론을 통해서 표출될 수 있었다면 훨씬 바람직한 설교가 되었을 것이다.

그러면 수사학이란 무엇인가? 수사학에 대한 정의는 학자들마다 조금씩 다를 수 있지만, 일반적 견해인 아리스토텔레스의 정의에 의하면 '설득을 위한 능력'[3](the faculty of discovering in the particular case what are the available means of persuasion)이다. 즉 연설가가 진리로 청중을 설득하는 방법, 연설, 혹은 능력이라고 볼 수 있다. 가령 '공부하지 않고 빈둥거리는 아이들을 향해서 어떤 말을 해야 그들이 부모의 충고에 따를까?', 혹은 '낙태를 찬성하는 그룹들을 향해서 어떤 연설을 해야 그들이 자신들의 고집을 꺾고 낙태에 반대하는 사람이 되게 할까?'를 생각한다고 해보자.

연설가는 효과적인 설득을 위해 독특한 구성법을 사용하고 말의 힘을 더하기 위해서 화법이나 논리 등을 연구해야 한다. 연설자의 의도대로 청중을 설득하기 위해서 서론은 어떤 형태가 좋으며, 본론 전개는 어떤 방식이 효과적이며, 어떻게 끝을 맺어야 연설의 목적을 잘 드러낼 수 있을지 생각한다. 또 어떤 논리로 전개해야 전달자의 의도를 보다 선명하게 전달하며, 어떤 화법을 써야 청중의 마

음에 더 매력적으로 닿을 수 있을까를 생각하는 것이 수사학이다.

이러한 생각을 설교에 적용해 보면, 어떤 설교 전개 방식이 성도들의 신앙 성장에 효과적일까, 어떻게 호소를 해야 성도들이 교회 건축에 더 적극적으로 참여하며, 어떻게 설교를 해야 하나님나라 확장에 더 헌신적인 사람들이 되게 하며, 어떤 방법으로 설교해야 불신 청중이 주님을 믿게 하는 데 보다 설득적일까를 생각하는 것이다. 한마디로 어떤 방법으로 설교해야 효과적이고 능력 있는 설교가 되게 할 것인가 하는 것이다. 이런 관점에서 수사학은 당연히 그에 대한 적절한 대답을 제시한다.

2,500여 년 동안 수사학은 이러한 질문에 답하려고 부단히 노력해 왔고 실제로 상당한 성과를 거두어왔다. 바울을 비롯한 초대 교부들이 이방 종교와의 논쟁을 성공적으로 이끄는 데 있어서 수사학이 한몫 해냈음을 부인할 수 없다.[4] 그들의 설교에는 항상 정확한 논리가 면면히 흐르고 있었고 이러한 논리는 설득적인 힘을 더했던 것이다.

히틀러가 세계를 상대하는 전쟁을 일으킬 때 독일 국민들로부터 협력을 얻어낼 수 있었던 것은 그가 연설 속에서 주무기로 사용했던 수사적 구성과 논리와 화법의 사용 덕분이었다. 그의 수사적 연설은 항상 힘이 있었고 온 국민을 설득하기에 충분했다. 독재를 뒷받침하는 데에 수사적인 연설이 큰 역할을 했던 것이다.

지금까지 우리 설교자들은 설교를 위해서 본문의 내용을 해석하고 해석된 본문을 청중의 삶에 적용시키며 설교해 왔다. 그리고 그렇게 하면 다 되는 것인 줄 생각해 왔다. 하지만 설교 전체의 짜임새나 구성에 있어서 효과적인 방법, 또 설교를 위한 선명한 논리나 청중의 감정을 다스리는 표현 방법에 대해서는 무지했었다. 이런 무지 속에서 열심히 설교를 하긴 하지만 왠지 설득적이지 못함을 설교자 자신도 느낀다.

예를 들면, 예수님의 십자가의 사건을 말하려는데 청중들도 이미 다 알고 있는 내용이고, 설교자도 자신이 여러 번 설교했던 내용을 또 언급하자니 자신도 지루하고 진부하게 느껴질 수 있다. 이것은 뻔한 내용을 뻔한 방법으로, 혹은 늘 같은 방법으로 설교하기 때문이 아닌가? 이럴 때 수사학을 알고 있더라면 얼마나 좋을까 하는 생각이 든다. 수사학은 이런 면을 효과적으로 돕는다.

수사학은 우리의 뜨거운 영성이 담긴 설교를 논리적으로 조리 있게 표현하도록 돕고 청중들의 심리에 뚜렷하게 호소하도록 돕는다. 또 청중들의 심리에 민감하게 반응하여 그들이 가장 편안한 마음으로 설교를 듣고 받아들이게 한다.

우리 설교자들은 히틀러보다도 훨씬 유리한 위치에 있다. 예를 들면, 히틀러는 국민을 설득하기 위해서 전쟁에 반대하는 사람들의 정신을 바꾸어놓아야 하는 부담이 있었지만, 설교자들에게는 설교자의 말을 잘 들어줄 수 있는 신실한 성도들이 아직도 많이 있다. 즉 청중들은 "우리 목사님은 늘 좋은, 그리고 유익한 말씀을 하시는 분이다. 그러므로 무슨 말씀이든지 듣겠다." 하는 기본적인 태도를 지니고 있다. 얼마나 다행스러운가?

연설자들은 청중을 설득하기 위해서 많은 자료들을 사용해야 한다. 특히 믿을 만한 자료를 수집하기 위해서 동분서주해야 한다. 많은 연구와 논리에 기초를 둔 연설이 필요한 것이다. 그러나 우리 설교자들이 성경을 인용할 때 청중들은 성경의 권위를 인정하고 있다. 성경 이야기를 하면 다들 수긍한다. 이 또한 얼마나 다행스러운가? 연설자들만큼 자료를 많이 연구하지 않더라도, 즉 성경의 내용만 잘 쪼개서 전달하더라도 성도들은 듣는다. 성경의 권위를 인정하기 때문이다. 어느 모로 보나 우리 설교자들은 여느 연설자들보다 유리한 위치에 있다. 이런 유리한 위치에서 설교에 수사학

의 이론을 가미하면, 분명 2배 3배, 그 이상의 효과도 거둘 수 있을 것임을 확신한다.

2

수사학의 기본 개념을 알라

Reasoning & Sentimentalization

논리가 빠진 설교는

맥빠진 주문(呪文)이요,

감성을 만져주지 못하는 설교는

황량한 선고문(宣告文)과 다를 바 없다.

이성의 동의를 얻어내고

감정의 파도침을

끌어내는 설교기법.

Reasoning & Sentimentalization

이성과 감성에 동시 호소하라

자, 이제부터 수사학 이론과 실제에 대한 여행을 떠나보자. 효과적인 설교를 위한 설교자의 지성과 영성, 그리고 인격 위에 수사적 감각을 옷 입혀보자. 이를 위해서 우선 수사학의 기본 개념을 아는 것이 도움이 될 것이다.

연설상황(Rhetorical Situation)

수사학의 본론으로 들어가기 전에 수사학을 사용하는 사람들이 알아야 할 기초 상식을 살펴보자. 이 기초 상식 또한 설교자의 설교 준비에 도움이 될 것이다.

수사학에서는 연설이 행해지기 위해서는 적어도 3가지 요소가 갖추어져야 한다고 강조한다.[1]

첫째, 연설은 청중의 즉각적인 반응을 필요로 할 때 행해져야 한다.[2] 즉 청중들에게 어떤 도전이나 반응을 불러일으킬 필요가 있을 때 연설이 필요하다. 그런 필요성이 느껴질 때 연설자는 청중들이 어떤 반응을 보일지 예상하고 그들로부터 예상된 반응을 불러일으키기 위한 전략에 돌입해야 한다고 말한다. 이러한 전략은 대개 서론에서 표현될 수 있다. 예를 들면, 바울은 갈라디아서를 쓸 때 분명한 이유가 있었고 갈라디아 성도들로부터 얻고자 하는 반응이 있었다. 즉 바울은 갈라디아 성도들이 이상한 다른 복음을 좇는 삶으로부터 돌이키게 하기 위해서 갈라디아서를 쓴 것이다. 이러한 내용은 갈라디아서 1장에서 감지된다.

이것을 설교에 적용해 보자. 설교자는 이번 주일날 설교할 때, 특히 설교의 주제를 정할 때 '왜 이러이러한 주제로 설교해야 하는지' 그 이유가 분명해야 한다. 가령 성도들이 구원 얻는 방법에 대해 궁금해 하고 있고, 설교자가 어떻게 구원을 얻는가 하는 주제로 설교를 한다면 이는 그 설교의 동기나 의도가 매우 적절하다고 볼 수 있겠다. 그러므로 수사학은 설교의 목적이 선명해야 함을 강조한다. 그리고 청중의 필요에 맞는 것이어야 한다고 말한다.

가끔 주제를 찾아내기 힘든 설교들을 듣거나 읽을 때가 있다. 뭘 말하려고 하는지 설교자 자신도 정리가 안 된 상태에서 설교하는 것을 볼 때가 있다. 또 설교자들이 설교를 너무 많이 하다 보니 분명한 목적도 없이 그저 성경의 내용을 강해만 하면서 설교의 맥을 이어 나가는 경우도 있다. 이것 또한 바람직하지 않다.

설교는 성경 강해가 아니다. 강해된 본문을 청중이 잘 받아들일 수 있도록 구성해야 한다. 강해한 본문의 내용을 그대로 설교하게 되면 이는 설익은 밥이나 먹기 힘든 밥을 사람에게 먹게 하려는 것과 같다. 청중이 잘 받아들일 수 있도록 신선한 구성이 필요한 것이다.

크래닥(Craddock)은 '성경 강해만 있는 설교는 완성되지 않은 설교'라고 강조한다. 고슬고슬 잘 익은 밥이 맛있는 것처럼, 청중들이 편안하고 자연스럽게 받아들일 수 있도록 구성된 설교가 청중에게 잘 먹혀 들어간다. 설교가 결론에 이르렀을 때, 편안하게 설교를 듣던 청중이 감동을 받아 마음에 결단을 위해 꿈틀거리게 해야 한다. 물론 이를 위해서 날카로운 적용의 기회도 삽입되어야 함은 두말할 필요도 없다.

찰스 스펄전(Charles Spurgeon)은 "설교에 적용이 시작될 때라야 진정한 설교가 시작된다."고 역설하였다. 그러나 적용을 하긴 하는데 자연스럽지 못하고 껀둑거리는 흐름으로 진행되는 설교는 그 설교 구성의 무지함을 드러내는 것이다. 그러므로 청중이 가장 쉽게 알아들을 수 있으며 자연스럽게 받아들일 수 있는 한 편의 완성된 설교를 위해서는 구성이 치밀해야 한다.

그러고 보면 얼마나 많은 설교자들이 설교의 기본 개념을 잘못 이해하고 있는가. 특히 강해 설교를 한다는 이유로 설교의 적용이 없이 성경의 내용만, 마치 과학자가 발견한 새로운 사실을 보고하는 식으로 설교를 하거나, 혹은 적용을 하기는 하는데 껄끄러운 진행으로 청중들이 편안하고 자연스럽게 설교를 듣지 못하는 경우도 있다. 보다 더 큰 문제는 설교가 진행되는 동안 청중들이 동의하지 않는데도 설교자의 일방적인 선포로만 끝나는 것이다.[3] 이런 모습들은 강해 설교의 진수를 제대로 이해하지 못하거나 잘못 사용하는 설교자의 불성실에서 나타난다.

또 설교의 목적이 선명하지 않을 경우가 있다. 한 편의 설교 안에서 너무 많은 주제를 나열하는 것이다. 미국에 있는 동안 한국의 유명한 어느 목사님의 설교를 들을 기회가 있었다. 짧은 25분 설교 속에서 6가지 주제를 전하였다. 설교학자인 필자도 그 설교를 듣고 난 뒤에 무슨 설교를 들었는지 기억할 수 없었다. 성도들이야 두말할 필요가 있겠는가? 설교의 목적을 잃지 않는, 아니 설교의 목적이 선명하게 부각되는 설교를 해야겠다.[4] 그러기 위해서 주제가 단순해야 하고 적용은 날카로워야 하겠다.

성경의 한 책을 정해서 연속 강해 설교하는 설교자는 한편의 설교를 위한 목적은 있을지언정 청중의 당장 필요한 반응을 불러일으키는 데 적절한 주제가 아님을 알아야 한다. 어떤 설교자는 에베소서만으로 2년을 연속 설교했다고 한다. 2년여 동안 에베소서만 다루었을 때 성도들은 성경의 다른 부분들에 대한 이해나 인식이 부족하게 되고 에베소서만 듣다 보니 지루했음은 더 말할 필요도 없을 것이다. 비록 에베소서를 다루면서 성경의 다른 책들을 언급했을 것이라고 추측을 해도 말이다. 게다가 청중들은 자신들의 삶의 정황과 맞지 않는 설교를 들으면서 꽤 안타까워했을 것이다.

이렇게 연속 강해 설교하는 설교자가 있다면 한번 신중히 검토해 보았으면 좋겠다. 과연 지금의 연속 강해 설교가 현재 성도의 삶의 정황에 도움을 주는 내용인가? 혹은 그들의 필요에 적절한 설교인가 하는 것을 말이다. 만약 그렇지 않다면 아무리 훌륭한 설교라 할지라도 효과면에서 비효율적임을 알아야 한다.

설교가 효과적이지 못하면 성도의 신앙의 질을 높이거나 변화시키는 데에 도움이 되지 않는다. 많은 설교자들이 설교 본문을 선정하는 어려움을 없애기 위해서 연속 강해 설교를 선택하는데, 재고해 보면 좋을 듯하다.(물론 주일 낮 설교 이외의 설교 시간에는 큰 문제는 없으리라 본다.) 결론적으로 말해서 성도의 필요와 연결되는 설교의 주제가 선포될 때 평범한 설교라도 성도들에게는 의미 있게 받아들여질 것이다. 그것이 더 효율적인 설교이다.

둘째, 연설자는 청중이 누구인지를 알아야 연설을 효과적으로 할 수 있다. 청중은 연설자가 연설을 할 때 여러 면에서 중요한 역할을 한다. 가령 청중들이 누구냐에 따라서 연설 주제와 단어의 수준이 결정된다.[5] 급진적 변화를 촉구하는 강도 높은 도전적 내용의 연설을 할 것인가, 서서히 변화를 요구하는 부드러운 연설을 해야 할 것인가를 청중의 수준에 따라서 결정한다. 그들이 영향을 받을 만한 수준이 어느 정도인가를 알면 거기에 맞는 적절한 연설을 준비할 수 있다.

헌신예배 설교를 할 때, 청중들은 그 설교 속에서 기대하는 수준이 있다. 헌신예배이니 자신들의 헌신의 자세에 대해서 자극을 줄 것이라는 기대이다. 그런데 기대치 이하로, 즉 헌신의 자세에 관한 아무런 자극도 받지 못했거나 미진했다면 그들은 설교가 시시했다고 평가할 것이다. 만약 기대치 이상으로 자극을 주었다면 청중들은 "굉장했어!" 하는 평가를 내린다. 결국 설교자는 청중이 원하는 수준과 기대치가 무엇인지 알아야 한다.

또 다른 예를 들면, 어린아이들에게 설교할 때, 어린아이들이 이해할 수 있는 수준에서 자극을 주어야 한다.[6] 설교 속에서 그들이 소화해 내기 힘든 언어를 사용할 수는 없다. 이해할 수 있고 소화할 수 있는 수준에서 신앙의 자극과 도전을 줄 때 적절한 설교

가 이루어진다. 청중이 설교로부터 무엇을 듣기 원하는지, 혹은 무엇에 자극받기 원하는지를 설교자가 알아야 적절히 준비할 수 있다.

　96년 여름, 모 시에서 교회 연합 찬양대회 행사가 있었다. 그런데 음악 행사 직전에 행해진 설교에서 설교자는 '성도들의 영적 성장에 관한 설교'를 했다. 음악에 관심을 가진 성도들이 어느 쪽에 관심이 제일 많았을까? 영적 성장이었을까, 아니면 찬양이었을까, 찬양과는 상관이 없는 것이었을까? 아마도 그들은 찬양에 대한 생각으로 가득 차 있었을 것이다. 그렇다면 찬양의 능력이나, 찬양 속에 거하시는 하나님 등을 다루는 것이 그 자리에 모인 청중에게 훨씬 자연스러운 설교 주제가 아닐까? 청중의 관심도나 수준에 맞는 주제 선정 내지는 설교 방법을 정하는 것은 설교 준비의 기초이다.

설교자는 말씀을 선포하기 전에 청중이 어떤 상태에 있는가를 분석해야 한다. 그들의 신앙 수준, 지적·경제적 상태, 성도들의 공통된 관심사, 그들의 삶의 문제 등이 무엇인지를 훤히 알고 있어야 그들의 수준에 적절히 대응하는 설교를 할 수 있다.[7] 청중의 삶의 분석에 대한 이론에 대해서는 수사학의 거장 버크(Kenneth Burke)의 '동일시'(Identification) 이론을 설명할 때 보다 자세히 설명하기로 하겠다.

셋째, 연설자는 제한성 혹은 강제성(Constraint)을 고려해야 한다. 연설자가 연설할 장소나 주변 환경, 혹은 방해가 될 수 있는 것 등을 살펴야 한다고 말한다.[8] 이런 것들이 연설자의 연설에 영향을 미칠 수 있다고 보기 때문이다. 청중들조차도 자신의 의사대로 결정하기에 앞서 이와 같은 환경들에 영향을 받고 있기에 그들이 영향을 받을 만한 주변 요소들을 고려해야 한다. 이런 주변 요소들을 염두에 두고 연설자는 연설의 주제나 범위 등을 스스로 제한시켜야 한다.

한국의 전통을 중시하는 사람들이 모인 곳에 전도설교를 하게 되었다고 하자. 전통을 잘 지키려는 습관을 지닌 청중들에게, 일단은 그들에게 거부감을 줄 수 있는 내용들을 가급적이면 삼가면서 복음의 핵심을 선포해야 한다. 즉 예수 믿고 구원받은 사실을 강조하면 충분하지 제사드리는 것을 거부해야 한다고 말하거나 십일조를 해야 한다고 말해서는 안 된다. 처음부터 전통을 버려야 한다는 부담감을 갖게 하면 누가 예수님을 믿겠는가? 처음부터 십일조를 해야 한다고 강조하면 얼마나 많은 초신자들이 그것을 받아들일 수 있겠는가? 예수님을 믿으려면 술부터 끊어야 한다고 말한다면 누가 믿고자 하겠는가?

  온전한 신자가 되기 위해서 그들이 전통으로부터 완전히 자유로워야 한다는 것을 우리가 알고 있지만, 또 기독교인이 되면 십일조를 해야 하고 술을 끊는 것이 당연하다고 믿고 있지만, 그것은 일단 예수님을 영접하고 난 뒤에 그들 스스로의 결단과 성령의 역사에 의해서 처리할 때까지 기다리자는 것이다. 복음이 그들의 마음 밭에 떨어지기 전에 전통이나 의무를 지켜야 한다는 부담이 복음에 대한 마음 문을 닫게 할 수는 없다.

  또 다른 예를 들면, 교회 분위기가 대체로 십일조를 하지 않는 성도들이 모인 곳에서 설교자가 십일조를 하라고 강조하면 그들이 시험에 들거나 오히려 역효과가 날 수 있다. 이럴 때에 설교자는 청중들이 십일조에 관한 내용을 받아들일 수 있는 수준에 이를 때까지 기다려야 한다. 혹은 성도들 대부분이 십일조를 하고 있으며 십일조를 하지 않는 몇몇 성도들이 자극을 받을 준비가 되어 있다면 설교자는 십일조에 대해서 언급해도 좋으리라. 설교자는 반드시 교회와 성도들의 상황을 의식하며 설교의 주제나 방향을 설정해야 한다. 그리고 이때 장애물은 없는지 등에 대해서도 알아야 한다.

연설의 문제들(Rhetorical Problems)

  수사학에서는 연설을 하게 될 때 여러 가지 문제가 발생할 수 있다. 이것은 연설자와 청중 간에, 연설을 위한 상황들 속에, 그리고 연설을 위해 주제를 선정할 때 예상된다[9]. 설교도 역시 마찬가지다.

1. 연설자와 청중과의 관계

수사학에서는 연설자가 연설을 할 경우에 연설자와 청중 사이에 문제가 발생할 수 있다고 본다. 예를 들면, 연설자와 청중이 문화적 배경이나 가치관이 다를 경우, 혹은 감성, 인지 능력, 외모, 삶의 동기, 듣는 기술, 자기 보존 방법, 자아 존중, 종교, 호기심 등에 차이가 있거나 완전히 다를 경우에 문제가 발생할 수 있다.[10] 이러한 차이점은 청중들이 연설자들에 대해서 편견을 갖게 하거나 연설을 듣지 않으려는 배타심을 가질 수 있다. 또 청중들이 자기 입장에서 연설의 내용을 듣고 해석하기 때문에 연설자의 연설 의도를 있는 그대로 받아들이지 못하거나 왜곡할 수 있다.

한국에서 목회하는 설교자가 미국 이민자들에게 설교할 기회를 갖게 될 때, 혹은 도시 설교자가 농촌 교회에서 설교하게 될 때, 설교자들은 자신들과 판이하게 다른 청중을 이해하지 못하고, 또 청중이 설교자들을 이해하지 못할 수 있다. 서로의 차이점 때문이다. 생활 습관이 다르고 문화가 다르다. 가치관도 다르다. 경험하는 바도 다르고 관심사도 다르다.

이런 상황에서 설교자는 청중의 관심사와 상관이 없는 주제에 관해서 설교할 수 있거나 설교자가 생각하는 가치관과 동떨어진 것을 설교할 수 있다. 이런 경우 청중이 설교를 거부하거나 외면하게 만든다. 그러면 설교는 효과적으로 전달될 수 없다. 결국 설교자와 청중 간에 문제가 발생하는 것이다. 설교자는 이런 문제들이 발생할 수 있음을 인식하고 있어야 한다.

　설교자는 개척교회를 빨리 일으키고자 성도들이 헌금도 더 많이 하고 전도도 더 많이 해주길 바라는데 청중들은 삶이 바쁘거나, 혹은 신앙이 연약한 상태에 있어 목사의 관심사를 외면하거나 무시할 수 있다. 설교자는 다급해진 나머지 청중을 닥달할 수 있다. 무관심한 청중과 닥달하는 설교자 사이에 문제가 발생한다.

　청중들은 메마른 자신들의 심령 속에 설교자가 말씀으로 충만히 채워주길 간절히 바란다. 하지만 청중들이 자신들의 설교자가 말씀 연구를 통해 영적 꿀을 먹이려는 데 관심이 있기보다는 쓸데없는 것에 시간을 허비하는 목사라는 인식을 하고 있을 때, 이런 상황 속에서 선포되는 설교는 청중들의 귀에 들어오지 않을 수 있으며 이것은 곧 설교자와 청중 간의 문제로 발생한다.

　사례비를 더 올려달라는 심정으로 설교자가 기회 있을 때마다, 이를 설교 시간에 흘리는데 현재의 사례비가 충분하다고 생각하는 청중들은 이를 눈치채고 오히려 역겨워한다. 이때 갈등이 증폭한다.

　비전을 가진 설교자가 교회를 확장 혹은 이전하려는 꿈을 갖고 설교를 통해 힘차게 강조하지만, 그 비전의 대의 명분을 이해하지 못하는 청중들은 무관심해 하거나 그것을 무시해 버린다. 이럴 때에도 갈등이 형성된다.

　설교자가 열심히 설교하고 있는데 청중이 말씀에 귀를 기울이지 않거나, 혹은 딴생각을 하고 있으면 설교자와 청중 사이에 문제가 발생한다. 설교자가 A라고 말한 것을 청중이 B로 알아듣게 될 때도 문제가 발생한다. 설교자가 말한 내용을 청중이 자기 수준에서 혹은 자기 세계관으로만 받아들이게 될 때도 문제가 발생한다. 설교자와 청중은 이처럼 많은 문제들이 발생할 수밖에 없는 관계에 있음을 설교자는 알아야 한다.

이런 문제들을 예상할 때 설교자들은 문제가 발생하지 않도록 더욱 조심해야 하고, 오해가 생기지 않도록 하기 위해서 말 한마디 한마디에 구체적으로 언급하려 노력해야 한다. 또 영적 관리는 말할 것도 없고 성도들이 잘 들을 수 있도록 설교 기술을 개발해야 한다.

2. 설교를 위한 주변의 상황들

연설이 행해질 때 발생할 수 있는 또 다른 문제는 연설을 위한 상황들을 잘못 이해하거나 그것들을 정확히 파악하지 못할 때이다. 상황을 제대로 분석하고 간파해야 논쟁적인 연설을 할 것인가, 아니면 호소를 위한 연설을 할 것인가 등을 판단할 수 있다. 만약 연설을 위한 주변 상황들을 분석하고 있지 못하면 연설이 행해질 때 문제가 생길 수 있다.

설교자가 청중이 누구인지를 분명히 알았으면, 호소를 위한 설교를 할 것인가 논쟁적인 설교를 할 것인가를 선정해야 한다. 장례식에서 설교자는 사랑과 위로가 듬뿍 담긴 설교를 해야 하며 결혼식에서는 결혼식의 주인공들과 하객들을 포함한 모든 사람이 즐겁고 희망찬 기분을 갖는 분위기를 만들도록 설교해야 한다. 새벽 예배에선 시냇물이 졸졸 흐르듯이 조용하게 설교해도 좋으며 철야집회에선 보다 뜨겁게 설교해도 무방할 것이다. 위의 예배들을 위해서 장소와 특징에 따라서 설교자 자신이 적절히 대응하지 못하면 청중과 설교자 사이에는 문제가 생길 수 있다.

뿐만 아니라, 상황에 따라서 설교를 짧게 할 것인가 아니면 길게 할 것인가를 결정해야 하며 설교 장소가 예배당인가, 야외인가, 강당인가 등의 상황을 고려해야 한다. 어린아이를 위한 설교라면 일반적으로 짧은 설교여야 할 것이며 강당에서 설교를 한다면 주일 예배처럼 엄숙하고 무게 있게 하기보다는 좀 자유로운 분위기에서 설교해야 할 것이다. 주변 상황을 고려하며 설교해야 하는 것이 설교자의 선결 과제이다.

3. 설교의 주제들

설교자가 지나치게 복잡한 문제들을 끄집어내어 설교하면 청중이 이해하기 힘들 수도 있다. 열심히 설교를 했는데 너무 많은 문제들을 언급한 나머지 설교가 끝날 때쯤에는 단 한 가지도 생각할 수 없게 한다면 이러한 주제 설정은 참으로 지혜롭지 못함을 알아야 한다.

주제가 청중이 기대했던 것으로부터 완전히 빗나간 내용의 설교 역시 주제 선택에 문제가 있는 것이다. 설교자는 청중을 생각하고 전도설교인가, 초신자를 위한 설교인가, 헌신을 위한 설교인가 등을 결정해야 한다.

수사학 이론을 통해서 목회와 말씀 선포 가운데 발생할 수 있는 문제들을 살펴보면서 설교자들이 설교 사역에서 조심해야 할 부분들이 많이 있음을 알았을 것이다. 또 산재해 있는 문제들도 많이 있음을 알았을 것이며 이를 극복하기 위한 새로운 아이디어가 필요함을 알았을 것이다. 이에 대한 해답은 설교자 자신에게 달려 있

다. 그 문제를 어떻게 해결해야 할 것인가를 생각해 보아야 한다. 문제를 파헤쳤으니 자신이 속한 교회의 특성과 상황을 고려해서 해결해 나아가길 바란다. 이제, 설교학과 수사학의 유사점과 차이점을 알아보자.

수사와 설교의 차이점

설교는 하나님의 말씀인 진리를 사람의 인격을 통해 선포하는 것이다. 이를 위해서 설교자는 말씀을 받는 작업, 해석 작업, 설교 구성 작업, 전달을 시도한다. 특히 설교 구성에 있어서 사실이나 진리 설명, 적용, 절정을 향한 점진적 전개 등이 시도된다.

수사학은 연설자의 의도에 따라서 진리로 사람을 설득하기 위한 방법이라고 할 수 있다. 이를 위해서 연설자는 수사적 논리와 화법 등으로 연설문을 작성한다. 하지만 설교자는 무엇보다도 성경을 통한 권위로 성경을 풀어나가면서 설교한다. 또 수사학에서는 강연자의 의도대로 청중을 설득하지만 설교는 설교자의 의도가 아닌 하나님의 의도에, 하나님의 말씀 앞에 굴복시키려 한다. 결국 하나님의 의도에 따라 순종하게 하기 위함이다.

구원받고 영생 얻은 신자로, 헌신된 하나님의 일꾼으로 만들기 위해서 설교가 선포된다. 이 목적을 성취하기 위해서 콕스는(James Cox)는 설교의 4가지 기능이 나타나야 한다고 강조했는데, 설교는 선포(proclaiming), 가르침(teaching), 증언(witnessing), 예언(prophesying)의 기능이 있어야 한다고 했다.[11]

이러한 기능을 충분히 발휘하기 위해서 설교자가 하나님의 비밀을 깨닫거나 믿음의 확신에 거하지 못한다면 설교 속에서 증언의 사역을 감당할 수 없다. 설교의 목적도 적절히 성취할 수 없다. 하나님과 영적으로 긴밀한 관계를 유지하지 못하면 훌륭한 설교를 할 수 없다. 신앙 없는 설교자나 불신자는 절대로 설교할 수 없다. 연설은 연설자의 노력만으로도 가능하지만 훌륭한 설교를 위해서 설교자와 하나님과의 영적 긴밀함이 우선 조건인 것이다.

청중 설득을 위해서 수사학은 강연자의 지식(많은 양의 지적 정보 전달)과 지혜(구성), 인격 등을 연설의 근간으로 활용한다. 하지만 설교는 성경과 설교자의 지식, 신앙, 인격이 어우러진 결정체 속에서 만들어진다. 무엇보다도 하나님으로부터 말씀을 받는 작업이 가장 중요하다.

수사의 종류

설교는 설교의 주제에 따라서 교리설교, 윤리설교, 헌신설교, 위로설교, 상담설교, 신앙성장설교 등으로 나눈다. 하지만 연설에는 주제에 따라서 변증연설, 선언연설, 그리고 충고연설 등으로 나눈다.

1. 변증연설

법정에서 피고를 위한 변호를 말한다. 다른 사람의 행동에 대해서 정당성을 입증하려 하거나 잘못된 것을 밝혀내는 데 사용하는 연설로 지난 일이나 행동에 대해서 옳고 그름을 판단하기 위한 것이다.

2. 선언 혹은 예식 연설

청중을 칭찬하거나 격려하기 위해서 사용하는 연설이다. 전쟁에서 승리한 군대를 향한 칭찬의 연설, 혹은 패전했을 때 왕이 군대에 하는 연설 등을 말한다. 설교에 있어서도 청중에게 감사의 표현을 하고자 할 때, 칭찬을 하고자 할 때 사용할 수 있다. 이런 종류의 연설은 청중을 설득하려 하지 않는다. 단지 칭찬하거나 기독교의 적을 비난할 때 사용하는 방법이다. 이를 위해 설교자는 현재 청중들이 잘하고 있는 일, 혹은 훌륭한 믿음생활의 모습에 대해 칭찬한다.

3. 충고연설

전쟁에 참가해야 하느냐 말아야 하느냐, 세금을 더 거두어야 하느냐 현상을 유지해야 하느냐, 혹은 외국에 군대를 주둔해야 하느냐 철수해야 하느냐 등의 주제를 가지고 청중을 설득할 때 필요한 연설이다. 즉 청중이 연설자와 다른 생각을 가지고 있을 때, 혹은 그들을 설득해야 할 과제가 있을 때 연설자는 이런 종류의 연설을 할 수 있다. 권면하기 위해, 위로하기 위해, 설득하려는 목적이 있을 때에 충고의 연설을 한다.

   설교에 있어서 이 연설이 가장 귀하게 쓰일 수 있다. 왜냐하면 설교는 신앙이 연약하거나 하나님께 헌신을 하지 않는 성도들을 신앙이 깊은 사람이 되게 하고, 또 헌신하는 사람이 되게 해야 하기 때문이다. 즉 하나님께 더 가까이 가도록 청중을 설득하기 위해서 사용할 수 있다. 충고설교를 통해서 설교자는 청중들로 하여금 미래에 어떠한 모습의 사람이 되어야 하는지를 가르쳐주고 그 가르침대로 부응하는 성도가 되게 한다.

3
수사학이 설교에 주는 교훈들

Audience Evolution

유대인에게는 유대인에 맞게,
헬라인에게는 헬라인에게 맞게 접근했던
기독교 최고의 설교가 바울 사도.
설교의 대가 바울의
지혜와 수용자 분석론을
수사학에서도 확인한다.

Audience Evaluation

회중을 면밀히 파악하라

설교 준비를 할 때 본문을 잘 설명하고 본문을 청중의 삶에 잘 적용하도록 했다고 해서 다 된 것은 아니다. 준비하고 선포한 설교가 과연 청중들이 쉽게, 그리고 적절하게 받아들일 만한 방법이었나를 생각해 보자. 이것을 위해서 설교자는 수사학으로부터 무엇을 얻을 수 있는가? 그 제안을 살펴보자.

청중이 설교를 듣게 만들라

수사학에서는 청중을 설득하기 전에 청중의 마음을 열어놓을 것을 강조한다. 즉, 연설가에 대해서 신뢰감을 갖게 하고 연설을 듣도록 기대감을 갖게 한다. 그래야 연설의 효과를 극대화할 수 있다. 교회에서도 마찬가지다. 어떻게 해야 청중들이 설교자의 설교를 마음을 활짝 열고 듣게 할 것인가?

첫째, 성도와 설교자 간의 간격을 만들지 말아야 한다.

설교자가 성도로부터 신앙의 열매를 성급히 기대하다가 변화되지 않는 성도를 보면 화가 날 수 있고 이런 화(禍)가 설교에 나타날 수 있다. 설교자가 "신앙생활 5년 10년을 해도 교회에 봉사할 줄 모르는 사람들이 있습니다. 남이 봉사해 놓은 터전 위에서 즐기기만 하는 얌체 성도들이 있단 말입니다. 신앙생활을 오래 했으면 봉사 좀 해야 하는 것 아닙니까?" 한다면 성도들의 마음을 움츠리게 하고 역반응을 일으키게 한다. 성도와 설교자 간의 거리감을 만들 뿐이다. 그러나 이렇게 하면 어떨까?

> 신앙생활을 오랫동안 해왔어도 교회를 위해서 아직 봉사를 하시지 못하는 분들이 있습니다. 마음은 봉사하고 싶은데 늘 바빠서 안타까워하는 분이 있습니다. 저는 그런 분들을 이해합니다. 또 하긴 해야 하는데 어떻게 어디서부터 봉사해야 하는지를 모르는 분들이 있습니다. 그런 분들은 너무 서두르지 말고 차근차근 배우시길 바랍니다. 서서히 해도 늦지 않습니다.(박영재 설교)

이와 같은 접근 방법은 성도의 마음을 편하게 해주고 성도들이 "목사님이 날 이해하시는구나!" 하고 생각하게 한다. 그러면 마음이 더 열려서 더 빨리 봉사에 참여하게 된다. 결국 설교는 설교자의 인격을 표현하는 것이다. 청중이 어느 설교자를 더 좋아하고 더 신뢰하게 될지는 자명해진다. 설교는 겸손한 마음으로 해야 한다. 청중을 존중하고 섬기는 마음으로 해야 한다. 이러한 설교자의 태도는 청중들에게 긍적적으로 전달되며 결국 설교에 설득적인 힘이 더해지는 것이다.

둘째, 설교자는 청중에게 신뢰받는 사람이 되어야 한다.

개척교회에 한 기성 교인이 찾아왔다고 가정하자. 목사님은 좋아서 어쩔 줄 몰라하며 바싹 다가가서 "성도님이 오시니 얼마나 좋은지 모릅니다. 오셔서 우리 개척교회를 많이 도와주십시오." 하면 도망갈 성도가 많을 것이다. 왜냐하면, 도와줄 마음은 서로가 신뢰하게 될 때 생기는 법인데, 목사와 성도 간에 신뢰를 쌓는 기간도 갖지 않은 채 교회에 와야 하는 필요성만 강조했기 때문이다. 결국 이런 부탁은 그 성도의 귀에 순수하게 들어오지 않는다. 간사해 보일 수 있다.

"성도님, 교회에 오신 것을 환영합니다. 이 교회는 저의 오랜 기도에 하나님이 응답하시고 하나님이 세우신 교회입니다. 부족함이 많은 저를 통해서 이루실 뜻이 있어 세우셨습니다. 성도님도 하나님이 그 뜻을 이루려고 이곳에 보내신 분이 아닌지 한번 깊게 기도해 보시기를 바랍니다."

차라리 이렇게 한다면 목사의 권위가 서게 된다. 이런 말은 "목사가 하나님을 바라보며 목회하는구나!" 하는 확신을 갖게 하기 때문이다. 게다가 자신이 이곳에 오게 된 것을 하나님 앞에서 다시 한 번 점검해 보게 만든 그 설교자를 신뢰하게 된다. 성도는 그 목사로부터 영적 지도자의 모습을 발견하게 된다. 아니, 그 목사로부터 이미 영적으로 지도를 받고 있는 것이다. 이러한 영적 지도자의 모습을 보면서 목사를 신뢰하기 시작한다.

이러한 신뢰는 '이 목사님은 다른 목사님과는 좀 다르구나.' 하는 생각을 갖게 만들고 설교를 듣도록 마음을 열게 한다. 즉 설교에 식상한 성도라 할지라도 '이 목회자는 뭔가 다른 설교를 하지 않을까?' 하는 마음으로 귀를 기울인다. 결국 설교를 들을 준비를 하게 하는 것이다.

성도들이 설교를 잘 들을 준비를 하게 하려면 '목회자를 신뢰하는 마음'을 갖게 만들어야 한다. '우리 목사님은 나에 대해서 별 관심이 없나 봐. 나하고 얘길 하더라도 생각은 다른 데 가 있는 것 같아. 형식적인 인사일 뿐이야. 날 무시해.' 하는 생각이 들게 한다면, 그 성도의 마음 문은 이미 닫히고 말씀을 들을 기회는 점점 멀어져 가고 있는 것이다. 교회를 떠나게 만들고 있는 것이다.

설교를 잘 듣는 성도로 만드느냐 못 만드느냐는 목회자가 성도들과의 관계를 돈독히 하느냐 그렇지 못하느냐에 달려 있다. 결국, 설교자가 성도들에게 신뢰를 받게 만드느냐 못 만드느냐에 달려 있다. 설교자는 성도 한 사람 한 사람의 마음속에 파고들어가서 훌륭한 목사상으로 남아 있어야 한다. 그래야 청중들이 설교 들을 준비를 하게 된다.

부부가 오래 살다보면 서로 눈짓만 해도 상대방이 무엇을 원하는지 알아채고 즉각 도와주는 관계가 형성된다. 오랜 세월 동안 쌓인 신뢰 때문이다. 설교자와 성도 간에도 이와 같은 신뢰가 돈독히 쌓여 있다면 얼마나 좋을까?

목회자가 돈이 필요하다고 성도들에게 역설할 때, 성도들이 '우리 목사님은 성금한 돈을 하나님 사업을 위해서 쓰시려고 하시겠지. 밀어드려야겠다.' 하는 다짐을 하게 만든다면 얼마나 좋을까? 이것은 성도와 목회자 간에 신뢰 관계가 형성되어 있을 때만 가능하다.

"우리 목사님은 기도 참 열심히 하셔, 참 진실하셔, 틀림없는 분이야!" 하는 말이 성도들 입으로부터 나오게 만든다면, 그것은 곧 목사님을 신뢰하게 만들었다는 뜻이다. 이런 신뢰의 관계 속에서 설교할 때 설교는 성공적일 수 있다.

"목사님과 얘길 나눌 때마다 저는 목사님으로부터 언제나 배울 점을 발견합니다." 하고 고백하는 성도가 있다면 그 목사는 만나는 성도들마다 영향을 미치는 설교자임에 틀림없다. 그런 관계 속에서 선포되는 설교는 청중의 가슴에 설득력 있게 파고들게 된다. 그러므로 설교를 잘하려고 노력하기 전에 성도들로부터 신뢰의 관계를 쌓아서 그들의 마음을 열고 설교 들을 준비를 갖추게 하라.

청중들이 설교를 듣고자 하는 마음을 갖게 하는 작업은 더 힘들고, 더 오랜 시일이 걸린다. 이 일을 위해서 설교자는 훌륭한 인격을 지녀야 하며 성도를 신실히 보살피는 균형잡힌 목회적 감각을 갖추어야 한다. 즉 목회적 감각을 높이기 위한 설교자의 감성 지수를 개발해야 한다.

동조(Adherence) 개념을 활용하라

펄먼(Perelman)은 그의 저서 「신수사학」(The New Rhetoric)에서 청중들의 마음을 연설에 빠져들게 혹은 찰떡같이 달라붙게(adherent) 만들어야 한다고 했다. 이것은 과학자가 알고 있는 지식을 단지 보고하는 식으로 설명하고 끝나는 것, 즉 청중들의 동의를 끌어내지 못하고 청중에게 보고만 하는 것은 진정한 의미에 있어서 진리가 아니라는 의미이다. 청중들이 동의하고 받아들여야 비로소 진리가 진리로 인식될 수 있으며 제 역할을 할 수 있다.

다시 말해 청중의 동의를 얻지 않고 논리적인 결론에 이르는 수학적 논리가 펄먼에게는 무의미한 논리로 인식된다. 사실 자체는 청중이 그것들을 사실, 혹은 진리로 받아들이거나 동의해야만 사실로서 진가가 발휘된다.[1] 결국, 그의 수사학은 연설이 청중들의 마음에 달라붙게, 혹은 동의하도록 만들 때에야 비로소 진리가 진리로 인식된다고 강조한다.

이러한 수사학적 논리는 설교학에도 적용된다. 설교자는 복음을 전하는 과정 속에 혹은 전한 후에 성령이 청중들을 감동시킬 것이며 그들의 삶을 변화시킬 것이라고 믿는다. 그리고 설교의 결과를 모두 하나님 책임으로 전가한다. 그러나 설교자가 열심히 외쳤음에도 불구하고 청중이 반응을 안 보일 경우가 많다. 왜 그럴까?

유치원 어린이들에게 미분 적분에 관한 수학을 논리적으로 잘

가르친다고 그들이 잘 이해하겠는가? 전혀 이해하지 못할 것이다. 그러면 그들이 이해하지 못한 모든 책임을 그들에게 전가할 것인가? 그럴 수 없다. 그것은 분명 가르치는 사람의 문제이다. 비록 논리 전개가 선명했다 해도 주제 자체가 잘못 선정되었다. 그들에게 너무 어려웠다. 청중에 대한 분석이 없었기에 이런 결과가 나타난 것이다.

필자는 가정예배를 드리면서 "새해가 되었으니 목회자 가정이 귀하게 쓰임받기 위해 먼저 깨어 있자. 이를 위해서 우리 가정 안에서부터 영적 각성 운동을 일으켜야 한다." 하고 설교한 적이 있다. 아내는 훗날 내게 질책했다. 막내(초등학교 3학년)는 전혀 이해하지 못했다는 것이다. 청중을 무시해도 보통 무시한 것이 아니었다는 질책이었다. 필자는 이 사실을 겸허히 받아들이기로 했다.

칼 바르트는 "설교자는 단지 하나님의 말씀을 선포할 뿐 그 결과를 성령의 역사에 맡겨야 한다."고 강조했다.[2] 이러한 주장은 성령의 역할을 이해하는 차원에서 사실이다. 하지만 설교자가 과학자의 보고서처럼, 청중들이 설교의 메시지에 동의를 하건 말건 상관하지 않고 단지 외치기만 한다고 책임을 다했다고는 볼 수 없다. 또 그 메시지가 성공적일 수 없다. 청중들이 그 설교를 들으면서 지적으로, 감정적으로 동의를 하게 만드는 과정이 없었기 때문이다.

내가 고등학교 1학년 때, 교회를 나간 첫 6개월에서 1년간은 목사님의 설교를 전혀 이해할 수 없었다. 설교자는 나의 입장이나 믿음의 수준 등을 전혀 고려치 않고 일방적으로 설교하였다. 필자뿐만 아니라 많은 성도들도 이해할 수 없었다. 고등부 예배와 활동을 통해 신앙이 깊어져 가던 상황 속에서도 대예배에서의 담임목사님의 설교는 역시 매우 어려웠고 이해하지 못한 채 들을 뿐이었다.

　필자는 그 당시 이런 생각을 하곤 했다. "내가 왜 이곳에 앉아 있지? 차라리 성경이나 읽자." 예배 중 주변 사람들을 둘러보았다. 얼굴은 설교자를 향하고 있는데 마음은 받아들이는 태도가 아니었다. 설교자는 이런 상황도 의식하지 못한 채 청중을 향해 마구 외쳤다. 이러한 청중 무시는 설교자의 선포와 청중의 청취 사이에 분리를 가져온다.

　설교자의 선한 의도가 청중의 가슴을 파고들게 하는 설교를 해야 한다. 즉 청중들이 동의하게 만드는 설교를 해야 한다. 그래야 효과적인 메시지로 청중들에게 다가가는 것이다.

　불신자를 상대로 설교할 때 "그리스도를 믿으면 우리가 영생을 얻습니다." 혹은 "그리스도를 믿으면 우리의 미래가 보장됩니다." 하고 말하면 설교자와 불신자인 청중들 간에 거리감이 형성된다. 차라리 "그리스도를 믿는다는 것은 모순과 의심을 갖게 합니다." 하고 시작한다면 청중과 설교자의 마음이 하나가 된다.

　어떠한 경우에 그리스도를 믿기 어려운지를 그들의 입장에서, 이해할 수 있는 예를 들면서 구체적으로 말한다면 그들은 설교자의 메시지를 쉽게 이해할 수 있다. 뿐만 아니라 설교자의 말에 귀를 기울이게 되며 동시에 설교자와 마음이 일치된다. 그때 설교자는 서서히 가슴에 간직한 설교의 목적을 진행해야 한다.

　우리 설교자들은 때때로 너무 빨리 결론에 도달하는 말을 한다. 즉 청중들을 설득하고자 하는 기회나 과정도 갖지 않고 결론에 도달하는 말을 하고 결단을 촉구한다. 결국 청중들은 감동 없이 설교를 듣고 집으로 돌아가게 되는 것이다.

보편적 청중(Universal Audience) 개념을 활용하라

설교는 설교의 내용이 얼마만큼의 객관성을 지니고 있느냐에 따라서 가치가 결정된다. 주관적인 내용으로 일색된 설교는 매우 무가치하다. 수사학의 목적은 최대 다수(Universal Audience)의 최대의 행복을 추구하는 데 있다.[3] 우리의 설교도 마찬가지다. 설교의 목적 역시 최대 다수의 최대의 행복을 추구해야 하며 이를 위해서 객관성을 띄어야 한다. 물론 설교는 때때로 주관적이어야 한다. 예를 들면 "예수만이 온 인류의 구세주입니다." 하고 말할 수 있어야 한다. 이것은 분명 주관적인 내용이다. 하지만 객관성을 요구하는 설교에서 주관적일 때가 많다.

때때로 청중들의 상황에 잘 맞는 설교를 해야 한다는 명분하에 그들만이 듣기에 좋은 설교를 하려는 경향이 있다. 가령 백인 청중을 향해 백인 설교자가 흑인의 노예 역할을 당연한 것으로 설교할 때 거부할 사람이 없을는지 모른다. 그러나 그것은 문화와 환경에 지배된 지엽적인 믿음이다.(남침례교회들의 경우가 그러했었다.) 다른 청중, 즉 흑인들은 그 설교를 들으면 사탄의 음성이라고 생각할 것이다. 게다가 100년이 훨씬 지난 지금 그렇게 설교하는 사람은 없다. 그런 내용의 설교는 진리가 아니라고 생각하기 때문이다.

우리나라의 남과 북의 관계도 그런 각도에서 이해하기 쉽다. 군사 정권 시절 북한이 남한을 불건전한 세력으로 규정하거나 남한이 북한을 불건전한 세력으로 규정하고 있을 때, 흑백의 논리 속에서 북한을 무조건 나쁘다는 식으로만 설교한 설교자들도 있다. 그것을 진리로 믿고서 말이다. 문민 정부가 들어선 지금 민간 단체뿐 아니라 정부도 북한을 우리의 형제로 인식하며 도와주며 껴안으려 한다.

과거의 흑백 논리 속에서 북한을 불건전한 세력으로 규정하며 설교했던 것이 지금 부끄럽게 느껴질 수 있다. 왜 그럴까? 전체 범위와 시간적 영원을 고려하는 객관성 있는 설교로서의 자격이 결여되었기 때문이다. 결국 부분만을 보는 지엽적인 설교는 영원한 진리가 되지 못한다.

또 다른 예를 들어보자. 어느 기독교 총회가 갈라진다. 상대방을 비난하는 설교를 한다. 몇 개월 후에 다시 합쳐진다. 갈라졌을 때에 비난했던 설교 내용이 떠올라 설교자가 머쓱해진다. 그 설교를 했던 것이 치욕스럽게 느껴지기도 한다. 이것 또한 지엽적인 태도 속에서 나온 객관성이 결여된 설교였기 때문이다. 또한 재침례교(재세례파)도들을 이단으로 규정한 종교개혁 당시의 설교들이 지금에 와서 잘못된 설교요 비진리를 선포한 설교로 인식되고 있다. 이것 역시 객관성이 결여된 지엽적인 설교이기 때문이 아닌가.

지엽적인 설교는 보편적인 청중들의 관점에서는 비진리로 인식된다. 이러한 경우 어느 특정한 그룹은 그 설교를 진리로 받아들일 수 있지만 다른 그룹은 진리로 받아들이지 않는다. 객관성이 결여된 설교는 가치가 하락된다.

"그 어떤 교회보다도 훌륭한 교회가 되게 해달라." "이 동네에서 제일 가는 교회가 되게 해달라." "한국에서 제일가는 모범 교회가 되게 해달라." 등의 생각은 보편적이며, 객관적인 시각이 아니다. 삼자가 거부감을 표시할 수 있는 이기적인 태도요 아전 인수격 신앙이다. 또 자아 도취에 빠진 태도이다. 모든 교회가 잘 되길 바라는 하나님의 심정을 헤아리라.

최선의 설교는 소그룹들뿐 아니라 다수의 청중이 만족할 수 있는 메시지를 선포하는 것이다. 또 시대를 초월해서도 영원한 진리로 남게 해야 한다. 최대 다수의 최대의 행복을 추구하는 설교가 되게 하자.

분석된 청중의 삶을 유의하라

설교의 주제를 선정하기 전에 청중을 분석하라. 대화의 법칙이 다르면 설교자와 청중과의 의사 소통이 이뤄지지 않는다. 가다머(George Gadamer)는 성경을 해석하는 방법론을 설명하면서 "만약 성경 해석자가 성경 저자의 세계관을 모른다면, 해석자는 성경의 본문으로부터 진리를 제대로 간파할 수 없다."고 말했다.

성경의 본문에 나타난 메시지를 제대로 이해하려면 해석자가 성경 저자의 세계관을 알아야 한다는 것이다. 그것을 제대로 알 때 해석자와 성경 기자의 두 지평선의 연합(fusion of two horizons)이 발생한다고 보았다. 여기서 지평선(horizon)은 세계관을 말한다. 즉 성경 기자와 해석자 간의 세계관이 일치되어 올바른 성경 진리 파악이 이뤄질 수 있다고 본다.

필자는 모 교회 고등부의 '새 생명 축제'에서 설교를 한 적이 있는데 설교자인 필자와 청중인 고등부 학생들과는 세계관이 너무 달랐다. 그들은 신앙생활에 관심이 없었고 구원받는 길에도 관심이 없었다. 신앙 성장을 위한 노력 자체를 거부하는 것 같았다. 단지 세속적 풍조와 물결, 그리고 그들이 당면한 대학 입시에만 관심이 있었다. 필자의 신앙과는 먼 거리에 있었던 것이다.

비록 필자가 열심히 외쳤지만 그것은 그들에게 관심 밖의 영역이었고 결국 효과적인 메시지를 전할 수 없었다. 그들의 신앙 수준과 관심 등을 알았더라면 분명 그들과 설교자인 필자 사이의 접촉점을 찾았을 것이다. 설교는 이처럼 청중과 설교자의 마음이나 의도에 접촉점이 생겨야 한다.

만약 설교자가 청중들을 잘 알고 있다면 설교자는 쉽게 그들과 정신적 접촉(mental contact)이 이뤄지게 된다. 청중 가운데 가족의 일부가 전쟁에 참여한 상황이라면 설교자는 자신의 가족의 상황을 "내 아들도 전쟁에서 싸우고 있습니다." 하고 설명하면서 청중과 설교자를 하나로 묶을 수 있다.

정신적 접촉을 위해서 설교자는 청중의 직업, 삶의 정황, 그들의 긴박한 필요성, 개인의 경험, 신앙의 수준 정도 등을 알아야 한다. 이런 차원에서 버크(Burke)의 '동일시론'(Identification)은 청중 분석을 통해서 효과적으로 대처할 수 있게 도움을 준다.

동일시(Identification) 개념을 활용하라

효과적인 설교를 행하기 위해서 설교자는 성도, 즉 청중과의 간격을 줄이고 청중들이 설교자를 신뢰하게 만들어야 한다.

버크(Kenneth Burke)가 주장한 '동일시론'(Identification)은 한마디로 설교자가 성도와의 신뢰를 쌓는 방법을 구체적으로 가르

쳐준다.[4] 신뢰를 쌓는 방법이란 설교자와 성도가 하나 되는 것을 말한다. 즉 동일시하는 것이다. 동일시론은 '본질의 합체'(Consubstantiality)와 같은 개념인데 이는 본인의 정체성(Identity)을 상대방과 동일시할 때 설득의 기초가 마련된다고 보는 것이다.

A라는 사람이 B와 직업이 같다든지, 그와 친구가 된다든지, 활동 영역이나 믿음이 같거나 가치면에서 서로가 일치함을 느낄 때 사람은 쉽게 하나가 된다. 특히, 서로가 본질을 나누거나 깊이 있는 생각이나 감정을 나눌 때 곧 하나가 된다. 두 객체가 일반적인 개념이나 태도 혹은 자료들을 통해 연합이 이루어질 때 그들은 본질적으로 하나가 된다.

두 화가가 미술의 본질을 나눌 때 그들은 본질적으로 자연스럽게 하나가 된다. 본질을 서로 나눌 때 그들은 일치됨을 느낀다. A가 B를 설득하기 위해서는 A가 B와 동일시되어야 하고, 동일시되기 위해서는 A가 B와 본질적으로 하나 되어야 한다. 이와 마찬가지로 설교자가 청중을 설득하기 위한 전제 조건은 설교자와 청중이 하나 되는 것이다.

어른이 어린아이를 설득하려면 어른이 어린아이처럼 행동해야 한다. 또 어린이가 사용하는 언어를 사용할 때 어린이는 그러한 어른을 좋아하게 되고 결국 어른의 말에 귀를 기울인다. 사람은 자기와 비슷하거나 공통점이 있음을 발견할 때 하나가 된다.

미국 선교사가 우리나라에 와서 말을 할 때, 특히 경상도 사람에게 경상도 사투리를 쓰면서 말을 건네면 경상도 사람은 많은 면에서 선교사로부터 동질감을 느낀다. 그럴 때 배타적이기보다는 '우리와 같다'는 감정을 조금이라도 더 느끼게 되고 그러한 감정을 느낄 때 비로소 선교사가 전하는 복음에 마음 문을 연다.

동일시(Identification)하기 위한 3가지 방법이 있다.

첫째, 목적을 성취하기 위해 의도적으로 성도와 공통점을 찾는다. 낙태 반대를 주장하는 청중들에게 자신이 낙태 반대자임을 밝히면서 연설하면 청중들은 마음을 열고 그의 연설을 경청한다. 국회의원후보 합동연설회에서 한 후보가 시골의 청중들에게 "나는 어릴 적 시골에서 자랐습니다." 하면 이러한 내용은 시골 사람들의 마음을 움직여 결국 타후보보다 더 많은 지지를 얻을 수 있다. 또 설교자는 신앙의 공동의 적인 마귀나 세상을 적대시함으로써 기독교 청중과 동일시될 수 있다.

둘째, 친구의 적을 적대시함으로써 친구와 하나가 될 수 있다.

제2차 세계 대전 때 미국과 소련은 독일을 적대시함으로써 두 나라가 하나 되는 계기를 이루었다. 또 의견이 늘 달랐던 두 교수가 자신들이 속해 있는 학과를 없애려는 학교의 방침을 알고 그들이 학교 방침을 공동으로 대항할 때 그들은 하나가 된다. 또 설교자와 청중이 대립하는 상황에서 청중의 의견이 만약 진리 위에 서 있다고 판단되면 설교자는 청중의 의견에 동의함으로써 청중과 동일시될 수 있다.

관심거리나 의견이 청중과 설교자 간에 일치할 때 청중과 설교자는 하나 되며 설교자는 청중 설득을 위한 방향으로 움직이게 된다. 이단에 대해서 설교자가 분노를 발할 때 청중은 설교자와 하나 됨을 느낀다. 행여 설교자가 청중들을 향해서 "하나님을 믿는다고 하면서도 여러 해 동안 신앙생활이 변화되지 않는다면 그런 성도는 신자가 아닙니다." 한다면 이런 설교를 듣고 설교자와 일체감을 느끼는 성도는 별로 없다. 성도를 향한 공격적인 태도의 설교는 성도와 동일시될 수 없다. 동일시되지 않으면 설교를 통한 성도 설득은 더욱 어려워진다.

셋째, 가장 강력한 차원으로 청중이 무의식 중에 설득당하게 하는 것이다. 태평양화장품을 사는 여성은 자신도 모르게 태평양화장품을 광고하는 광고모델의 이미지와 같아지기를 원한다. 태평양화장품은 광고모델을 통해서 구매자들의 무의식 세계를 이미 설득하고 있는 것이다.

마틴 루터의 "내 주는 강한 성이요 방패와 병기 되시니…"로 시작하는 찬송을 부를 때, 그가 당한 처지와 이 찬송을 작곡한 의도를 알면 이 찬송을 부르는 사람들은 마틴 루터처럼 험난한 위기 속에서도 하나님만 의지하는 용감한 신앙인의 모습을 연상한다. 무의식 속에서 루터를 닮고자 하는 동일시 현상이 일어나는 것이다. 이런 동일시하는 태도가 목회 사역에서도 나타난다. 즉 훌륭한 설교자의 일거수 일투족을 보면서 성도들은 목회자와 동일시하려는 마음을 갖는다. 그러므로 설교자는 긍정적인 차원으로 청중에게 영향을 미치는 위치에 있어야 한다.

버크의 동일시 이론은 인간의 관계가 갈등과 분리에 놓여 있다는 전제하에서 출발한다. 결국 인간의 갈등 내지 분리를 완벽하게 조화시키려는 목적에서 동일시를 추구하려 한다. 그러므로 설교자도 설교자와 성도 간에, 혹은 성도와 성도 간에 존재하기 쉬운 갈등의 부분을 조화와 화합의 차원으로 이끌어내기 위해서 동일시 이론을 사용해야 한다.

리처즈(I. A. Richards)는 그의 「수사학 철학」(The Rhetoric of Philosophy)에서 수사학을 사람의 오해와 그 치료에 대한 학문으로 보았다.[6] 사람들은 대화나 인간 관계 속에서 오해로 인해서 수없이 갈등을 겪으며 이를 제거하거나 막을 수 있는 연구가 필요하다고 역설하였다. 특히 그러한 오해는 언어 사용에서 발생하며 이를 없애기 위해서 화자(話者)가 사용하는 단어에 대한 연구가 활발해야 한다고 강조한다.

화자가 언급한 내용을 청중이 받아들여 자기의 상황에서 경험할 때 화자의 언어는 듣는 자에게 의미 있게 된다.[7] 상황이 바뀌면 언어의 의미도 바뀐다. '게이'(gay)라는 단어는 20년 전에 낙천적인 사람, 가벼운 사람을 가리키곤 했다. 하지만 1970년대 후반에 동성애 그룹이 나타나면서 이 의미가 동성애를 가리키는 의미로 쓰이기 시작했다. 처음엔 이 '게이'(gay)라는 단어가 귀에 거슬렸지만 시간이 지나면서 자연스럽게 사회에 스며들었다.

모든 언어는 우리의 상황을 연상케 한다. 우리가 쓰고 있는 단어의 상황이 저자와 비슷할 때 혹은 화자와 비슷할 때 오해가 없다. 선교사가 상이한 문화 속에 침투하여 선교하는 것(Cross cultural)이 어려운 이유가 여기에 있다. 청중이 잘 알고 있는 단어나 내용을 설교자가 적절히 사용함으로써 청중이 설교를 이해하는 데 도움을 주어야 한다.

예수님도 "공중의 나는 새를 보라. 들의 백합화를 보라. 심지도 가꾸지도 아니함에도…." 청중들이 느끼고 쉽게 이해할 수 있는 단어나 문장을 사용했다. 이것은 청중이 잘 알아들을 수 있도록 그들의 입장에서 자료를 선택하고 사용한 것이다.

동일시론을 설교 쪽에 보다 무게를 두어 생각해 보자. 라스칼조(Craig Loscalzo)는 그의 저서 「동일시를 통한 효과적인 설교 방법론」(Preaching Sermons that Connect : Effective Communication through Identification)에서 설교자의 화술 속에서 청중이 '저 설교자는 우리와 친숙한 것처럼 말하면서 우리와 하나가 되려고 한다.'는 인상을 받는다면 청중들은 설교자의 말을 신뢰하지 않을 것이라고 말했다. 그러므로 진정한 친숙을 위해서 어떻게 동일시할 것인가 하는 것이 설교자의 관건이다. 라스칼조(Loscalzo)는 이를 위해서 3가지 원리를 제시했다.[8]

첫째, '진행과정'(On Going Process)의 동일시론을 활용하라는 것이다. 이것은 시간이 지나면서 하나가 되어가는 과정이다. 결혼한 지 14년 된 부부가 있다. 그 남편은 이렇게 말할 수 있다. "내

아내는 결혼초의 여자가 아닙니다. 많이 변했습니다. 더 성숙해졌습니다. 즉 생각하는 것도, 행동하는 것도 의젓해졌습니다." 그러므로 남편은 자기 아내를 신혼초의 아내로만 인식하지 않는다. 부부는 변한다. 가족도 변한다. 아이들도 변한다. 사회도 변한다. 2차선 도로가 4차선으로 변한다.

설교자도 마찬가지다. 설교자도 성도들과의 관계 속에서 시간이 지남에 따라 적절한 파트너가 되기 위해서 성숙하게 계속 변화되는 파트너가 되어가야 한다. 설교자의 동일시는 이 부분에선 시간과 관계 있음을 유의해야 한다.

개척에는 은사가 있는데 교회 성장에는 자신이 없거나 큰 부담으로 안고 있는 설교자가 있을 수 있다. 초신자를 위한 성경공부 인도에는 귀신인데 고급반 혹은 양질의 교사 배출을 위한 훈련에는 맹탕인 설교자가 있다. 이는 설교자가 초보 단계의 수준을 벗어나는 발상을 하지 못하는 경우다. 초신자들이 "목사님 설교가 참 좋아요." 하고 칭찬하지만 영적으로 성숙해지면서 "우리 목사님 설교는 더 이상 들을 것이 없어." 하고 평가를 내린다면 이는 '진행과정'에서 실패하고 있는 것이다.

다시 말해서 설교자가 영적 성장이나 말씀을 전달하는 능력이나 기술에 있어서 진보되지 못했음을 증명하는 것이다. 결국 성도와 하나가 되지 못하고 있는 것이다. 시간이 지남에 따라 상대의 변화를 느끼며 변화된 모습, 생각, 신앙에 맞는 태도를 취해야 동일시함이 지속될 수 있다. 그 속에서 설교자는 성도와 하나가 될 수 있다

둘째는 '상호 과정'(Mutual Process)을 통해 하나가 되는 것이다. 이것은 상호간에 깊은 관심을 갖는 것을 말한다. 즉 대화를 통

해서 하나가 되는 것이다. 성도에 대한 애처로운 마음(empathetic imagination)을 가져야 상호 연합이 된다. 애처로운 마음이란 다른 사람의 마음을 이해하는 능력이라고 볼 수 있다. 민감한 설교자들은 동일시하려는 마음을 가지려 한다. 즉 청중들의 문제를 함께 느낌으로 그 성도와 하나가 된다. 이를 위해 설교자는 상상력을 동원해야 한다.

예를 들면, "아들이 부모보다 먼저 갔으니 그 마음이 오죽 아팠겠습니까? 저라도 정말이지 견디기 힘든 일입니다. 힘드시겠지만 믿음으로 이깁시다." 하고 목사가 위로한다면 이것은 아들을 잃은 자의 위치에서 말하는 것이며, 이 위로를 들은 당사자는 목사가 자신을 이해하는 마음을 지니고 있다고 생각하게 되고, 목사에 대해서 편한 마음과 신뢰하는 마음을 갖게 된다. 청중들의 슬픔, 좌절, 고통, 불안, 두려움, 기대감, 성취감 등을 함께 느끼려는 설교자의 태도에서 청중은 설교자를 신뢰한다. 결국 설교자가 신뢰를 받고 안 받고는 청중을 이해하는 깊이에 달려 있다.

셋째, '성장 과정'(Growing Process)을 통해서 설교자는 청중과 하나가 될 수 있다. 이것은 설교자와 성도 간에 신뢰 관계를 쌓아 하나 되는 것을 말한다. 예배를 마친 후 설교자가 성도들을 전송할 때마다 "처음 뵙겠습니다." 혹은 "어디서 오셨습니까?" "어디 사세요?" 혹은 "안녕하십니까?" 하고 말하는 설교자는 없다.

처음 대할 때의 인사는 매우 가볍다. 하지만 성도들과의 관계 속에서 설교자는 더 깊은 관계로 발전해야 한다. 처음 만나서 인사하는 수준의 설교는 안 된다. 영적으로 성장한 성도에 걸맞는 대화나 설교가 설교자로부터 나와야 한다. 깊은 대화는 서로가 신뢰할 때

이루어질 수 있는 것처럼, 청중과 설교자의 관계가 깊어질수록 청중을 설득할 힘이 생기는 법이다. '성장과정'이란 결국 관계의 발전을 통해 설교자와 청중 간에 동일시하라는 뜻이다.

버크의 동일시론을 잘 활용하면 청중을 설득하기 위한 사전 준비를 잘 갖추는 것이다. 그러므로 설교자의 마음 자세는 청중들이 설교를 잘 들을 준비를 하게 하는 데 공헌하는 자세이어야 한다.

잠깐! ··

"칭찬하고자 할 때, 혹은 비난하고자 할 때 설교자는 음성을 작게 하라. 그리고 긍정적인 면에서 강조하고자 할 때는 큰 소리로 말하라."(Augustine, On Christian Doctrine)

칭찬할 때 설교자가 큰 소리로 말하면 듣는 사람이 역겹게 혹은 허풍처럼 느낄 수 있다. 또 비난할 때 큰 소리로 혹은 신경질적으로 말하면 청중이 거부감을 느낄 수 있다. 그러나 진리를 강조할 때는 큰 소리로 말해도 무방하다. 예를 들면, "그러므로 하나님은 이 세상의 그 어떤 것보다도 여러분을 사랑하십니다." 하고 말할 때는 큰 소리로 말해도 무방하다. 내용이 은혜롭기 때문이다.

4

청중 설득의 4가지 요소

알아두어서 절대 손해 안 날
설교 설득력 체크포인트.
수사학이 밝혀낸
최신 테크닉을 **성경적 관점**에서
조명**하고** 설교에 적용해 본다.
자, 당신의 설교 설득력은
몇 점인가?

Persuasion

설득의 법칙을 몸에 익히라

지금까지는 효과적인 설교를 위한 준비 자세에 대해서 언급했다. 이제 강단 위에서 실제로 어떻게 설교해야 청중을 효과적으로 설득할 것인가를 생각하자. 설득하는 방법에는 수사학에서 크게 4가지 영역으로 접근한다.[1]

이성(논리)에 호소하라

"연설자의 논리로 청중의 이성에 호소하라."는 말은 논리를 바르게 전개하라는 뜻이다. 사람은 사고(思考)할 수 있는 능력이 있다. 그것은 논리적으로 생각할 수 있는 능력이다. 청중은 설교가 논리적일 때 고개를 끄덕인다. 많이 배운 사람은 말할 것도 없고 못 배운 사람이라 할지라도 설교가 논리적일 때 쉽게 이해하고 쉽게 순응하게 된다. 다시 말해서 정확한 논리는 청중의 지적 동의를 얻어내는 데 상당한 도움을 준다.

어떤 설교는 논리에 맞지 않는 가운데 마구잡이식으로 다그치면서 결단을 촉구한다. 설교를 논리적으로 설명하지 않으면서, 또 동의할 수 없게 하면서 어떻게 청중들에게 결단을 하라는 것인가? 청중이 설교의 목적에 부합하는 결단을 하게 만들기 위해서 설교자는 무엇보다 논리적으로 설교해야 한다.

효과적인 논리를 위해서 설교자는 이분법과 삼분법을 사용할 수 있다. 이 방법은 상황과 목적에 따라서 연역법과 귀납법 형식을 취한다.

1. 이분법을 사용하라

이분법은 첫째 단계와 둘째 단계로 구성되어 있다. 첫째 단계를 가능한 전제로 내세운다. 둘째 단계는 결론을 맺는다. 예를 들면 "바울은 수사학을 배운 사람이다." 하고만 말하면 미완성의 문장이다. 청중들은 "그래서 어쨌단 말이냐?" 하는 질문을 하게 된다. 그러므로 보충 문장을 필요로 한다. "바울은 수사학을 배운 사람이다. 그러므로 그는 훌륭한 연설가이다." 한다면 완전한 논리가 형성된다. 그리고 이 문장에서 주는 이미지는 '바울이 훌륭한 연설가'라는 사실이 '수사학을 배운 사람'이란 뜻보다도 청중의 기억에 오래 남게 된다.

결국 이 문장에서 강조하고자 하는 부분은 뒷 문장인 '바울은 훌륭한 연설가'이다. 이 문장은 연역법적 형식의 이분법이다. 이유를 먼저 말하고 결론을 내렸기 때문이다. 그러므로 '바울이 훌륭한 연설가'라는 내용이 청중들의 귀에 더 선명하게 남는다.

이제 귀납법적 이분법을 보자. 귀납법적 이분법은 이유를 강조하기 위해서 사용한다. 먼저 특별한 전제를 말하고 난 뒤에 그 전제에 관한 이유를 밝히는 것이다.

"바울은 훌륭한 연설가이다.

왜냐하면 그는 수사학을 배운 사람이기 때문이다."

이 문장에서 바울이 훌륭한 연설가인 이유, 바울이 수사학을 배운 사람이란 이유가 더 머리 속에 남는다. 이유를 더 부각시키고 싶을 때 그 이유를 문장의 마지막에 둔다.(귀납법) 이와 반대로 이유보다도 결론을 강조하고 싶다면 결론을 맨 마지막 문장으로 사용하면 된다.(연역법)

위의 내용을 좀더 구체화해 보자. "난 여러분들에게 오늘 늦게까지 강의를 연장하고 싶습니다. 여러분들이 알아야 할 부분이 아직 산더미처럼 남아 있기 때문입니다." 하면 이는 귀납법적인 이분법 방식이다. 강의를 연장해야 하는 이유가 더 선명하게 청중의 가슴에 남는다. 그런데 이것을 바꾸어 "여러분들이 알아야 할 부분이 아직 산더미처럼 남아 있습니다. 그러므로 난 여러분들에게 오늘 늦게까지 강의를 연장하고 싶습니다." 한다면 이는 '늦게까지 강의를 연장한다.'는 사실이 더 선명하게 가슴에 남는다.

결론을 먼저 말하고 원인을 말하든가 아니면 원인을 말하고 결론에 이르든가 둘 중 하나를 택할 수 있다. 그러므로 청중에게 무엇을 강조하고 싶으냐 하는 목적에 따라 강조하고자 하는 문장의 위치가 결정될 수 있다. 강조하고 싶은 부분을 뒤로 놓는 것이다.

"예수님은 우리 인간을 온몸으로 사랑하셨습니다. 자신의 생명을 우릴 위해 버리셨기 때문입니다." 만약 이 문장을 "예수님은 자신의 생명을 우릴 위해 바치셨습니다. 그러므로 그분은 우리 인간을 온몸으로 사랑하신 것입니다." 할 수도 있다. 선명성을 내세우고자 하는 부분을 뒤에 둔다. 산상수훈의 경우, "심령이 가난한 자는 복이 있습니다. 천국이 저희(가난한 자) 것이기 때문입니다." 이것은 심령이 가난한 자가 복이 있는 이유를 뒷부분에서 설명하였는데 이 또한 선명한 귀납법적 이분법이다.

"바울은 친구들이 말림에도 불구하고 예루살렘으로 올라가는 것을 주저하지 않습니다. 왜냐하면 전도해야 할 사명이 남아 있기 때문입니다."(귀납법)

"바울은 전도할 사명이 아직도 남아 있음을 압니다. 그래서 그는 친구들의 말림에도 불구하고 예루살렘으로 올라갑니다."(연역법)

위의 두 문장은 강조하고자 하는 것에 따라서 차이가 있음을 보게 된다.

성경 본문을 설명하는 데 있어서도 귀납법적 이분법을 보다 적절히 사용할 수 있겠다.

오늘 우리가 읽은 본문 사도행전 1장은 예수님의 어머니와 동생들의 이름을 밝히고 있습니다. 감람산에서 승천하신 예수님을 지켜본 제자들은 마가의 다락방으로 돌아와 하늘로부터 능력을 받기 위해 예수님의 이름을 부르며, 예수님의 이름을 의지하며 기도하고 있습니다. 그런데 무엇보다 눈에 띄는 것은 그 무리들 중에 예수님의 어머니와 동생들이 제자들과 함께 심혈을 기울여 기도하고 있는 모습입니다. 예수님의 어머니와 동생들은 한때 예수님을 미친놈이라며 정신병자 취급을 했지 않았습니까? 그런데 그들은 지금 그런 예수님의 이름을 부르며 예수님으로부터 능력받고자 심혈을 기울여 기도하고 있단 말입니다. 왜 이들이 이렇게 바뀌게 되었습니까? 부활 때문입니다. 예수님의 부활을 직접 목격한 그들은 더 이상 어떤 설명도 필요 없게 되었습니다. 그들이 예수님을 사람이 아니라 하나님의 아들로 믿고 그들의 구세주로 받아들인 것은 부활의 주님을 목격한 후부터입니다. 부활의 주님을 만난 순간 그들은 생각하는 방향, 사물을 보는 관점, 삶의 목적, 모든 것이 바뀌게 된 것입니다. 그리고 보면 예수님의 부활 사건만큼 사람을 변화시키는 데 큰 충격을 주는 것도 없습니다. 여러분에게도 생애를 바꿀 만한 부활의 주님을 만난 경험이 있습니까? (박영재 설교)

이 장면은 크게 두 구도로 되어 있다. 첫번째는 예수님을 무시하던 예수님의 어머니와 동생들이 기도 모임에서 주님의 이름을 부르며 기도하는 모습을 설명했다. 그리고 그 이유는 그들이 부활의 주님을 만났기 때문이라고 설명했다. 이 두 가지 구도는 귀납법적 이분법에 기초하고 있다.

이 장면을 연역법적 이분법으로 해보자.

　한때 예수님을 정신병자로 취급했던 예수님의 어머니와 동생들은 부활의 예수님을 만납니다. 예수님이 십자가에 달리실 때까지 그들은 예수님에 대한 태도에 변화가 없었습니다. 하지만 예수님의 부활을 목격한 후 그들은 생각하는 방향도 삶의 목적도 완전히 바뀌었습니다. 예수님을 아들이나 형이 아니라 하나님의 아들로 인식하게 된 것입니다. 그래서 사도행전 1장에서 그들은 예수님의 이름을 부르며 예수님으로부터 권능을 받고자 심혈을 기울여 기도하고 있습니다. 여러분에게도 생애를 바꿀 만한 부활의 주님을 만난 경험이 있습니까?

이것은 연역법적 이분법이다. 자 어느 것이 더 좋은가? 어느 것이 더 선명하게 느껴지는가? 장단점을 생각해 보라.

이분법은 모든 논리의 기초로 인간의 대화나 법리 논쟁 등 어디서든지 쓰이고 있다.

똑같은 내용을 이렇게 한다고 가정해 보자. "예수님을 정신병자로 취급했던 예수님의 어머니와 제자들은 예수님의 부활을 목격하고 난 후 삶이 변했고, 그들은 마침내 예수님이 승천하시고 난 직후 마가의 다락방의 기도 모임에 합류했습니다. 여러분도 생애를 바꿀 만한 부활의 주님을 만났습니까?"

위 문장은 강조점이 보이지 않는 애매모호한 문장이라는 것을 느낄 것이다. 그리고 무엇을 말하려는지 초점을 발견하기가 전자보다는 더 어렵게 보인다. 연역법적 이분법을 통한 논리 전개는 설교자가 무엇을 말하려고 하는지 그 목적이 선명성에 있어서 약하다. 다시 말해서 문단 전체의 흐름이 전개는 되고 있으나 청중에게 의미를 각인시키는 데 매우 약하다는 것이다. 왜 그럴까? 이것은 선명한 이분법, 무엇보다도 귀납법적 이분법을 활용하지 않고 사실만을 죽 나열하면서 전진하기 때문이다. 설교자들이 이렇게 문장을 나열할 때가 얼마나 많은가!

이분법을 더 살펴보자.

요즘 젊은이들한테서는 효 사상을 찾아보기 힘들다고들 말합니다. 왜 이렇게 되었을까요? 그 이유를 어느 학자는 나름대로 이렇게 풀이했습니다. '옛날에는 모든 지식이 부모로부터 왔다. 삶의 지혜와 기술의 습득도 전적으로 부모에게 의존했다. 그리고 옛날에는 부모로부터 토지를 물려받아야 살 수 있었다. 평생을 머슴살이해도 제 힘으로는 밭 몇 뙈기 사기가 하늘의 별 따기만큼 힘들었기 때문이다.

또한 명예와 신분도 부모의 것을 그대로 물려받았다. 양반 자식은 양반으로, 상인 자식은 상인으로 살아가야 했던 것이다. 이처럼 모든 것을 다 부모로부터 물려받았으니 옛날에는 효도를 하지 않을 수가 없었다.' 하지만 이제는 모든 것을 사회와 학교에서 자신의 노력으로 얻기 때문에 옛날처럼 부모 덕 볼 일이 없고, 그래서 효도하지도 않는다는 것입니다.(곽선희,「참회의 은총」)

이 또한 귀납법적 이분법이라고 볼 수 있다. 질문을 던지는 형식 이면에는 하나의 전제가 깔려 있다. 즉 "자녀들이 효도하지 않는다. 왜냐하면…."이란 내용으로 연결되기 때문이다. 질문을 통해 답을 풀어나갈 때, 즉 원인을 파헤쳐나가는 노력 속에서 청중들에게 "왜냐하면"이란 전제에 대답하는 것이다. 이런 방법은 청중들에게 논리적인 흥미를 유발시킨다.

필자는 설교에 귀납법적인 이분법을 즐겨 사용한다. 왜냐하면 이 방법이 논리 전개에 있어서 더 선명하기 때문이다. 어쨌든 귀납법적 이분법을 바꾸어서 전개하면 연역법적 이분법이 된다. 설교자의 취향에 따라서 연역법적 혹은 귀납법적 이분법을 사용할 수 있다.

이분법은 생략된 삼분법이다. 중간의 전제가 불필요하다고 생각될 때 이처럼 줄여서 말할 수 있다. 이 같은 이분법은 바울의 설교나 서신서에 많이 나타나 있다.[2]

2. 삼분법을 사용하라

논리적 전개에는 이분법 외에 삼분법이 있다. 즉 논리가 3단계를 통해서 완성되는 것을 말한다. 첫째 단계는 대전제이며, 둘째 단계는 소전제이고, 셋째 단계는 결론이다. 삼단 논법에서 결론의 주어가 되는 개념을 소개념(S)이라 하고, 결론의 술어가 되는 개념을 대개념(P)이라 한다. 대개념을 포함하고 있는 전제를 대전제라 부르고, 소개념을 포함하고 있는 전제를 소전제라 부른다. 두 전제에는 들어있으나 결론에는 나타나지 않는 개념을 매개념(M)이라 부른다. 삼단 논법은 크게 네 가지 형식으로 나눌 수 있다.

제1형식을 아래 예를 통해 살펴보자.

> 1단계 (대전제) 소크라테스는 죽는다.
> 2단계 (소전제) 소크라테스는 사람이다.
> 3단계 (결 론) 모든 사람은 죽는다.[3]

여기서 매개념이 1단계, 즉 대전제(소크라테스는 죽는다)와 2단계, 즉 소전제(소크라테스는 사람이다)의 주어로 되어 있다. 1단계와 2단계의 연결이 매개념을 통해 이루어졌다. 두 전제의 주어인 "소크라테스"가 연결 고리 역할을 하고 있다. 결국 3단계에서는 1단계와 2단계를 다 수용하는 결론을 맺는다. 1단계와 2단계가 3단계의 결론을 자연스럽게 도출하도록 만든다. 1형식에 해당되는 예를 더 들어보자.

```
1단계    수은은 고체가 아니다.
2단계    수은은 금속이다.
3단계    그러므로 어떤 금속은 고체가 아니다.
```

이것도 대전제와 소전제의 주어가 같다. 한 가지 유의해야 할 것은 소전제가 반드시 긍정문이어야 한다는 것이다.

이와 같은 삼분법에는 귀납법의 형식과 연역법의 형식이 있다. 귀납법적 삼분법은 특별한 상황에서 일반적인 상황으로 전이되는 것을 말한다. 즉 특별한 상황의 일반적 추론으로의 귀결을 말한다. 특별한 것(소크라테스는 죽는다.)에서 일반적인 상황(모든 사람이 죽는다.)으로 연결되는 귀납법적 삼분법이다. 만약 거꾸로 거슬러 올라간다면 이는 연역법이 된다.

1형식의 공식을 그림으로 그리면 아래와 같다.

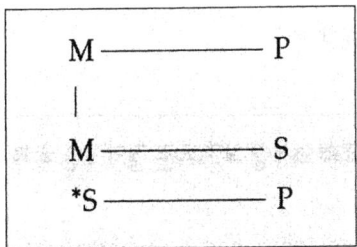

이 공식을 설교에 적용해 보자.

> 1단계   베드로는 주님을 배반한 실패자였습니다.
> 2단계   베드로는 부활의 주님을 만난 후 성공적인 삶을 살았습니다.
> 3단계   실패 속에서 우리도 주님께 붙들리면 성공적인 삶을 살 수 있습니다.

위의 문장을 골격으로 삼분법의 구도를 유지하며 길게 설교해 보라. 예를 들면 1단계의 내용을 길게 설명할 수 있지만 요점은 "베드로는 주님을 배반한 실패자였다."는 내용을 설명한다. 그리고 2단계의 긴 설명 속에서 "베드로는 부활의 주님에게 붙들린 후 성공적인 삶을 살았다."는 요지가 들어간다. 그리고 3단계에서는 실패자인 청중이 적용할 수 있는 것, 즉 "실패자인 우리도 주님께 붙들리면 성공적인 삶을 살 수 있다."는 사실로 연결시키면 청중은 은혜를 받는다.

이와 같은 삼단논법은 설교 전체 줄거리의 요점으로도 활용될 수 있다. 위의 각 단계를 독자들 스스로 길게 만들어보길 바란다.

또 다른 예에서 삼단논법을 살펴보자.

> 1단계   안산의 김학중 목사는 교회 역사상 보기드문 경이적인 교회 성장을 이룩했습니다.
> 2단계   그는 교회를 키우고자 하는 열정이 불 같은 사람이었습니다.
> 3단계   저와 여러분도 교회를 키우고자 하는 불 같은 열정이 있다면 경이적인 교회 성장을 이룰 수 있을 것입니다.

이 또한 1형식의 삼단 논리이다. 1단계인 특별한 상황(김 목사의 경이적인 교회 성장 기록)에서 시작하여 2단계와 연계시킨 후에 3단계에서 결과를 받아들이게 하는 논증이 되게 한다. 1단계와 2단계의 주어들이 연결된다. 그리고 연결되지 않는 술어들(P와 S)끼리 결론에서 연결시킨다. 위 삼분법에 살을 붙여서 설명해 보라. 그러면 바로 그것이 설교가 된다. 설교의 기본은 논리이다.

제2형식은 매개념이 대전제에서 주어로 되어 있고, 소전제에서 술어로 되어 있는 형태다. 그 공식은 다음과 같다.

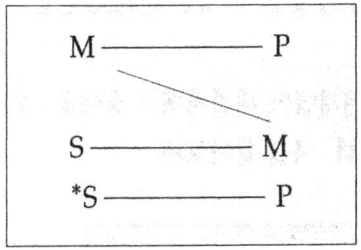

위 공식을 실례를 통해 만들어보자.

```
1단계   심령이 가난한 자가 복이 있습니다.
2단계   하나님의 지혜를 구하는 자가 심령이 가난한 자입니다.
3단계   하나님의 지혜를 사모하는 자가 복이 있습니다.
```

결국 위의 삼단논법에 살을 붙이면 하나의 설교가 될 수 있다.

그러므로 삼단논법의 뼈대는 설교를 위한 개요로서 사용될 수도 있다. 또 다른 예를 보자.

> 1단계 모든 사람은 동등하게 창조되었다.
> 2단계 흑인은 사람이다.
> 3단계 그러므로 흑인은 백인과 동등하다.*

대전제인 "모든 사람"이 3단계에서 주어가 된다. 1단계와 2단계가 역시 받아들일 만한 전제가 되면 나머지 3단계는 매개념을 뺀 나머지 전제(소개념 및 대개념)를 수용할 수 있는 논리로 만든다.

제3형식의 삼단논법을 보자. 매개념이 대전제에서 술어로, 소전제에서는 주어로 되어 있는 형태다. 예를 들어보자.

> 1단계 예수님은 사랑의 선지자다.
> 2단계 사랑의 선지자는 우리가 본받아야 할 사람이다.
> 3단계 그러므로 우리가 본받을 사람은 예수님이다.

이 공식은 다음과 같다.

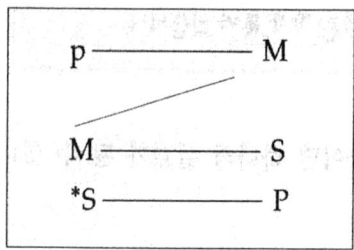

이것을 좀더 길게 활용해 보자.

> 1단계 1세기 중반 이후에 전 유럽과 중동이 복음으로 초토화될
>   수 있었던 것은 바울이라는 한 사람 때문이었습니다.
> 2단계 바울은 우리와 성정이 같은 사람이었습니다.
> 3단계 저와 여러분도 바울과 같이 복음으로 온 세계를 초토화하
>   는 데 쓰임 받을 수 있습니다.

이것도 특수한 상황으로부터 출발한 삼분법의 좋은 예이다. 3단계에서는 청중이 적용할 수 있게 했다. 설교가 항상 은혜로우려면 청중에게 관련시켜야 하는데 3단계에서 이를 자연스럽게 활용할 수 있다.

제4형식을 보자. 이것은 모든 개념이 대전제와 소전제에서 다 술어로 되어 있는 형태다. 이것은 전제 중의 하나가 반드시 부정 문장이 되어야 한다.

> 1단계 제자들은 그리스도의 말씀을 따릅니다.
> 2단계 당신들은 그리스도의 말씀을 따르지 않습니다.
> 3단계 그러므로 당신들은 그리스도의 제자가 아닙니다.

전제 중 하나가 부정이기 때문에 결론도 부정으로 끝난다. 이것의 공식은 아래와 같다.

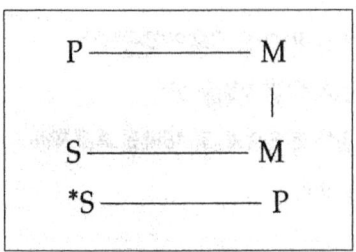

이 외에도 삼단논법은 총 256종류나 된다.[5] 이 모든 것들을 다 구별하여 사용하기란 쉽지 않다. 비슷한 내용들이 많지만 대전제와 소전제가 주어든 술어든 연결만 되면 결론은 자유로운 분위기 속에서 논리를 성립시킬 수 있다. 사도행전 17장 24,25절에 나타난 바울의 예를 보자.[6]

> 1단계 하나님께서 온 세상을 지으셨다.
> 2단계 하나님께서 아무런 부족함이 없으시다.
> 3단계 그러므로 우상들에 대한 섬김은 아무런 소용이 없다.

바울은 이 삼단논법에서 인간을 향하신 하나님의 관계에 대해 생략 삼단논법으로 전도 목적을 향해 나아갔다.

1단계	하나님께서 모든 사람을 지으셨다.
2단계	하나님은 자기를 찾도록 사람을 지으셨다.
3단계	당신은 하나님을 찾도록 창조된 사람이다.

이러한 논증 형태는 철학적 토론에 자주 등장하는 것이며 청중들에게 요점을 쉽게 인식시킬 수 있다. 또 설교를 위한 3가지 대지로도 활용할 수 있다. 설교에 삼단논법을 적용해 보자. 세 단계를 거쳐서 자연스럽고 논리적인 연결을 이룬다.

1단계	하나님은 인간을 구원하신다.
2단계	하나님은 구원의 역사에 주도권을 쥐신다.
3단계	저와 여러분의 구원에도 하나님이 선수를 치셨습니다.

출애굽기 3장을 본문으로 설교할 때,

1단계	하나님은 모세를 구원하려고 찾아오셨습니다.
2단계	하나님은 모세 구원에 주도권을 쥐셨습니다.
3단계	저와 여러분의 구원에 하나님이 선수를 치셨습니다.

1단계와 2단계가 '하나님'의 연결 고리를 통해 3단계에서 자연스런 결론을 내렸다. 즉 3단계에서 진리가 되도록 만들었다. 이것

에 살을 붙여서 설명해 보자.

> 1 단계 — 오늘 본문에서 하나님이 모세를 부르시는 장면입니다. 그를 부르시기 위해서 하나님은 호렙 산에 타지 않는 불꽃을 만들어놓으시고 그를 유도하십니다. 우상을 숭배하던 모세를 하나님은 호렙 산에서 독특한 상황을 마련해 놓으시고 모세를 부르셨습니다.
> 2 단계 — 하나님은 잃어버린 한 영혼을 구원하려고 주도권을 쥐시고 찾아오셨습니다.(이는 모세를 찾으시는 하나님의 방법이었습니다.)
> 3 단계 — 저와 여러분에게도 하나님은 구원의 주도권을 쥐시고 찾아오십니다. 우리가 하나님을 알기 전에 하나님이 먼저 우리를 아셨고 우리가 하나님을 사랑하기 전에 먼저 우리를 사랑하셨으며 우리가 하나님께 다가가기 전에 먼저 우리에게 다가오셨습니다.
> (그러고 보면 구원받은 우리는 어느 누구도 하나님 앞에서 자랑할 것이 없는 존재들입니다.)

괄호는 자연스런 연결을 위해서 설교자가 넣을 수 있는 문장들이다. 위 3단계는 삼분법이다.

위의 1-3까지는 하나님이 모세를 찾으시는 장면을 통해서 특별한 상황을 일반적인 상황, 즉 "하나님은 모든 사람에게 구원을 베풀기 위해서 선수를 치신다."는 사실로 귀결시켰다. 모세의 사건을 먼저 언급함으로써 특별한 상황의 전제를 만들었다. 여기서 2단계는 설교자의 영적 통찰력을 통해 찾아내야 한다. 신자들은 모세의 특별한 상황의 이야기를 의심없이 받아들인다. 왜냐하면 성경에 근거한 독특한 사건이기 때문이다. 일단 전제가 받아들여지면 나머지는 자연스럽게 '하나님이 청중들을 찾으시는 모습'으로 연결된다. 필자는 여기서 청중들의 삶의 정황과 연결시키기 위해서, 세번째 단계에서는 "우리"와 연결시켰다. 삼분법의 적용이었다.

3. 수사 구성법을 사용하라

아리스토텔레스가 주장하는 수사학에서는 연설을 위한 표준 구성 형태들을 서언(exordium), 경위 혹은 사건에 대한 서술(narratio), 논증들(confirmatio), 결론(conclusio) 등으로 구성되어 있다.[7]

좀더 구체적으로 말하면 서언에서는 상황을 소개하고 청중에게 말을 건네며 연설자의 인격이 훌륭한 것임을 확인시킨다. "즉 믿을 만한 연설가구나!" 하는 확신을 청중이 갖게 한다. 여기서는 청중이 연설에 관심을 갖게 하는 것이 필수이다.

서술에서는 사건에 대한 상황을 열거하고 연설의 주제를 확대시킨다. 논쟁의 본질에 관한 진술을 하는 기회이기도 하다. 주제의 흐름을 따라서 연설가의 의도나 사실을 밝힌다.

지지논증들에서는 연설가의 의도가 옳다는 것을 예증을 통해서 밝힌다. 만약 반대 내용들을 논박할 필요가 있다면 그것들을 논박할 증거들을 제시한다.

결론은 논증을 요약하고 그것을 받아들이게 하기 위하여 연설자가 압력을 가하거나 다시 한 번 청중들이 확신을 갖게 하는 것이다.

사랑의 위대함을 주제로 말하고자 한다면 이렇게 말할 수 있다.

서론

인간은 그 행위를 가만히 살펴보면 싸움과 갈등, 분노와 좌절 등을 겪습니다. 이런 상태로서는 도저히 살 수 없을 것 같지만 그래도 인간은 오랫동안 자기의 수명을 유지하며 살아왔습니다. 그 이유는 무엇일까요?

서술

그것은 인간이 사랑을 하는 존재이기 때문입니다. 인간이 사랑을 할 때 싸움과 분노에서 생긴 마음의 부정적인 요소를 몰아내고 '그래도 세상은 사랑할 만하구나.' 하는 감정을 갖습니다. 사랑을 할 때 외로움도 이길 수 있고, 절망도 이길 수 있고, 불안함도 이길 힘이 생기는 것입니다.

지지논증들

- (아무개) 젊은 과부가 어린 자녀와 함께 수절하며 살아갈 수 있었던 것은 자녀를 사랑했기 때문이었다고 했습니다.
- 입시에 실패한 (아무개) 학생이 자살하려고 한강다리 위에서 뛰어 내리려다가 막판에 포기한 것은 자기를 끔찍이 사랑하는 부모님 때문이라고 했습니다. 사랑을 하거나 받는 것을 기억할 때 인간은 살아갈 힘을 지니게 되는 것입니다.
- (아무개) 의학자는 인간이 사랑을 하거나 사랑을 받고 있음을 기억할 때 몸 속에서 엔돌핀이 생성되어 인체 내에 있는 스트레스를 없애주고 좌절, 걱정 등 부정적인 요소들을 마음으로부터 몰아낸다고 하였습니다.

· 십자가에 달리신 예수를 바라볼 때 우리의 고통과 좌절을 잊을 수 있는 것은 십자가에 나타난 그리스도의 사랑에 감격하기 때문 아닙니까?

확신
그러므로 저와 여러분, 가능하면 사랑하며 삽시다. 여러분의 삶이 더욱 행복할 것입니다.

위의 예는 고대 수사학에서 주장하는 연설 구성을 위한 논리를 설교에 적용시켜 본 것이다. 위에서 '(아무개)'라고 한 것은 실질적인 예를 들어야 함을 강조하기 위함이다. 가급적 실제 인물과 실제로 있었던 사건이나 이야기를 언급해야 청중이 자기들의 이야기로 인식하게 하는 것이다. 비록 짧은 예지만 이를 골격으로 얼마든지 설교를 늘릴 수 있다.

몬로의 5단계 수사구성법을 활용한 예문을 들어보겠다.
몬로가 제안한 수사구성법은 주의 단계(The Attention Step), 필요 단계(The Need Step), 만족 단계(The Satisfaction Step), 그림으로 그려주는 단계(The Visualization Step), 결단 단계(The Action Step) 등 5단계로 구성되어 있다.

설교자가 주의 단계에서 청중의 의식을 사로잡아 일단 관심을 집중시켰으면 필요 단계에서는 청중들에게 심각하게 논의되어야 할 부분을 언급한다. 만족 단계에서는 앞에서 지적한 부분을 어떻게 해야 만족시킬 수 있는지 밝힌다. 그림으로 그려주는 단계는 오관으로 느낄 수 있게 해주는 단계로 선명하게 이해할 수 있도록 예화를 사용해도 좋다. 마지막으로 결단 단계에서는 청중이 들은 말씀을 행동으로 옮길 수 있도록 자극을 준다.

몬로의 5단계 수사구성법을 활용한 예문을 들어보자.

주의를 끄는 단계

여러분! 가던 걸음을 멈추고 이곳을 주목해 보십시오. 여러분이 깜짝 놀랄 희소식이 있습니다.

필요 단계

여러분, 성인병으로 고생이 참 많지요? 어떤 분은 심장이 아프고, 어떤 분은 무릎이 쑤시고, 어떤 분은 위장 장애를 자주 일으키고, 어떤 분은 가끔 어지럽고, 어떤 분은 소화가 안 되고…. 우리의 몸을 각종 질병을 깨끗이 낫게 해줄 수 있는 특별한 약이 있었으면 하는 것이 요즈음 사람들의 소원입니다.

만족 단계

여기 그러한 질병을 치료할 수 있는 특효약이 나왔습니다. 이 약은 위장 장애를 멈추게 하고 어지러움을 없애주며…. 일주일만 먹어보십시오.

그림으로 그려주는 단계

이 약을 먹은 사람마다 나았다고 말합니다. 76세인 아무개 할머니는 이 약을 5일 동안 먹고 5년 동안 앓던 위장 장애가 감쪽같이 사라졌습니다. 또 51세의 아무개 아주머니는 관절염으로 여러 해

동안 고생하다가 이 약을 드신 지 7일 만에 씻은 듯이 나았습니다. 여기 병 걸렸을 때의 모습과 지금 깨끗해진 모습을 사진을 통해 비교해 보십시오.

결단 단계

약을 드신 분마다 효험이 있었습니다. 자, 이처럼 좋은 약이 어디 있습니까? 처음 이곳에 왔으니 20% 싼 가격에 드립니다. 원하시는 분 말씀하십시오.

우리가 익히 들었던 길거리 약 장수의 선전광고다. 놀랍게도 현대 수사학에서 강조하는 구성법과 다를 바가 없다.

1956년 3월 17일에 행해진 빌리 그레이엄(Billy Graham)의 설교는 위의 구성법에 의해서 짜여진 것이었다. 이날 청중은 전국의 장로교 평신도 지도자들이었고 54분간 진행되었다.[9] 그 내용은 다음과 같다.

본문 : 로마서 12장 1절

주의 단계(20분)

월터 로이더(Walter Reuther)에 대한 이야기를 말한다.
장로교회를 칭찬한다.
장로교단으로 넘어간 침례교 목회자에 대한 이야기를 말한다.
하버드 대학의 정신 나간 사람에 대해 말한다.

하와이에서부터 말씀을 듣기 위해 60명을 끌고 온 유대인에 대해서 말한다.

기독교인이 된 의사에 관해 말한다.

본문 읽고 설명한다.

필요 단계(11분)

세상 속의 얽힌 문제에 대해 지적한다.

진짜 문제에 대해 언급한다.

① 모든 사람이 이 문제에 봉착해 있음을 언급한다.

② 이 문제는 모든 문화 속에서도 나타난다.

③ 이 문제는 하나님에 의해서 '죄'라고 불린다. — 그것은 병이고, 어떤 형태로든 해결되어야 한다.

만족 단계(10분)

그리스도가 모든 죄의 문제의 열쇠이다.

① 주를 영접할 때 죄의 문제가 해결된다.

② 그리스도는 모든 사람이 죄의 문제를 해결받기 원하신다.

교회는 그리스도 복음을 지키는 곳이다.

① 그리스도와 함께 살 때 세상의 문제가 해결될 것이다.

② 그리스도와 함께 살 때 공동체의 문제도 해결될 것이다.

그림으로 그려주는 단계(1분)

① 초대교회는 평신도에 의해서 지탱되었다.

② 초대교회의 120명이 전 로마를 뒤흔들었다.
③ 여기에 모인 3,500여 명은 미전역에 충격을 줄 수 있는 잠재력을 가지고 있다.
④ 여기에 모인 3,500여 명이 그리스도만이 해결자이심을 믿고 각자가 그분께 삶을 드린다면 복음화는 가능하다.

결단 단계(8분)

미 전역을 흔들 수 있는 평신도란 무엇인가?
① 그리스도를 개인적으로 만난 경험이 있는 사람이어야 한다.
② 매일 경건의 시간을 갖는 사람이다.
③ 그리스도와 함께 사는 사람이다.
④ 교회에 충성하는 사람이다.
⑤ 그리스도를 전파하는 사람이다.

평신도가 이 일을 하도록 권면한다.

필요의 단계는 결국 문제제기 단계였고, 문제제기는 문제를 해결할 대안, 즉 필요를 채울 만한 만족의 단계이며, 청중이 만족할 만한 대답을 얻으면서 동시에 그 대답이 "바로 이것이다." 하는 확신을 갖게 되면 결국 행동으로 옮기는 결단을 내리게 된다는 것이다.
이제 사도 바울이 설교를 위한 구성을 어떻게 했는지 살펴보자.
사도 바울은 복음을 전하기 전에 청중에 대해 날카롭게 분석했다. 사도행전 17장 22-31절에 보면 바울은 복음의 핵심을 전하기 위해서 4단계를 거쳤다.

첫째, 그 시대의 사회상을 분석했다. "아덴 사람들아 너희를 보니 범사에 종교성이 많도다"(22절) 이것은 바울이 청중들의 우상 숭배에 대한 분석을 끝낸 뒤에 설교를 시작했음을 보여준다.

둘째, 바울은 청중들의 개인의 학식, 직업, 연령, 가정 형편 등을 고려했다. "내가 두루 다니며 너희의 위하는 것들을 보다가 알지 못하는 신에게라고 새긴 단도 보았으니"(23절) 이것은 바울이 청중들의 개개인의 상태를 확인하고서 한 말임을 알 수 있다.

셋째, 바울은 분석해 낸 사실들로부터 전도의 접촉점을 찾았다. "우리가 그를 힘입어 살며 기동하며 있느니라 너희 시인 중에도 어떤 사람들의 말과 같이 우리가 그의 소생이라 하니"(28절, 23절 참조)

넷째, 바울은 그 모든 접촉점들을 연결시켜 복음을 제시했다. "알지 못하던 시대에는 하나님이 허물치 아니하셨거니와 이제는

어디든지 사람을 다 명하사 회개하라 하셨으니 이는 정하신 사람으로 하여금 천하를 공의로 심판할 날을 작정하시고 이에 저를 죽은 자 가운데서 다시 살리신 것으로 모든 사람에게 믿을 만한 증거를 주셨음이니라"(30, 31절)

바울의 설교가 효과 있는 능력의 말씀일 수 있었던 것도 이처럼 청중에 대한 분석이 있었고 분석을 기초로 적절한 연결점을 찾아 복음을 연결시켰기 때문이다. 이 설교를 통해 바울은 또 다른 설교 구성 방법을 우리에게 제시해 준다.[10]

이 외에도 필자의 저서 「미래 설교의 새 지평」에서 밝힌 구성법 - 문제제기, 문제 분석, 해결책, 복음과의 연결을 통한 확신, 대단원 등의 방법론 - 도 있다. 이것은 문학에서 쓰이던 구성법이다. 보다 자세한 내용은 필자의 저서를 참조하시기 바란다.

이와 같이 수사학에서 말하는 구성법을 간단히 살펴보았다. 우리도 위와 같은 논리에 따른 구성법을 기초로 설교할 수 있다. 대부분의 설교자들이 성경 본문에 기초할 뿐 논리적인 구성엔 관심이 없다. 위의 구성법에 성경 본문을 연결한다면 훌륭한 설교를 만들어낼 수 있지 않을까? 위와 같은 구성법들은 새로운 설교 스타일을 요구하는 청중에게 신선하게 다가갈 것이다.

감정에 호소하라

설교자가 청중에게 호소하는 또 다른 방법은 청중의 감정에 호소하는 것이다. 인간은 논리적인 존재일 뿐 아니라 또한 감정의 동물이다. 즉 인간은 희로애락을 경험하며 산다. 아리스토텔레스는 그의 저서 「수사학」(The Rhetoric)에서 감정을 통한 청중 설득을 매우 강조하였고, 블레어(Hugh Blair)는 그의 저서 「수사학 강연」(Lectures on Rhetoric and Belles Lettres)에서 청중이 연설에서 맛을 느끼게 해주어야 성공적인 연설이 된다고 단언했다.[11] 이 맛은 논리를 통한 냉철한 이성으로 얻는 것이 아니라 청중이 감정으로 느끼게 만듦으로써 얻어진다는 것이다.

사람의 감정은 만국 공통 언어라고 할 수 있다. 어려운 내용을 알아듣고 못 알아듣고는 사람의 지적 능력에 따라 다르지만 사람이 느끼는 감정은 모두가 똑같다. 슬프거나 기쁜 일을 접할 때, 사람은 슬퍼하거나 기뻐하게 된다. 사람은 자기 삶 속에서 일어나는 슬픔, 기쁨, 분노, 고통, 걱정, 근심, 좌절, 욕망 등에 둘러싸여 사는 존재이다.

이런 감정의 변화를 겪으며 살아가는 청중들이기에 그것들 중 어느 하나만 건드려주면 청중의 감정은 쉽게 동요하게 된다. 그 감정들을 긍정적인 차원으로 승화시킨다면 청중들의 감정은 긍정적인 결단으로 접어들게 된다. 예를 들어, 설교자가 '하나님의 사랑'에 대해서 설교할 때 청중이 그 설교 속에서 하나님의 사랑을 듬뿍 맛보게 만들어주어야 하는 것이다. 그래야 그 설교를 통해서 은혜를 받는다.

설교는 언제나 청중들의 감정을 어루만져주는 부분이 있어야 하고 그들의 감정을 깨끗하게 처리해 주는 카타르시스를 경험하게 할 때 영적으로 치료됨과 동시에 "은혜로운 설교였다." 혹은 "내게 꼭 필요한 말씀이었다." 하고 고백하게 된다. 차가운 논리만 있거나 냉철한 사고로 이어지는 설교는, 다시 말하지만 청중들로부터 지적인 동의는 있을지 몰라도 영혼이 치료되기는 어렵다. 그러므로 청중들의 감정에 호소하는 설교를 하라! 청중들이 감정으로 설교의 맛을 느끼게 하라!

설교자가 악한 행동을 한 사람에 대해서 설교 시간에 비난하거나, 훌륭한 일을 한 사람에 대해서 칭찬을 한다면, 이 또한 청중의 감정에 호소하는 것이 된다. 예를 들어 설교자가 일본 정부의 위안부 문제에 대한 어정쩡한 태도를 비난하거나 애국심이 강한 전방 국군의 태도에 대해서 칭찬한다면 이것은 청중의 감정에 호소하는 것이다. 신앙심이 좋은 성도의 행동을 칭찬하거나 격려하면 성도들의 감정이 자극을 받거나 고무된다.

또 타락한 성도의 비극을 서술했다면 이는 청중의 감정에 비극을 느끼게 만든 것이며 신앙의 핍박을 이기느라 숱한 눈물과 아픔을 겪으면서도 믿음을 지킨 내용을 듣게 하면 청중의 감정은 맛을 느낀다. 혹은 마음이 감동된다.

사도 바울도 갈라디아 성도들을 설득하기 위해서 그들의 감정에 호소한다. "그리스도의 은혜로 너희를 부르신 이를 이같이 속히 떠나 다른 복음 좇는 것을 내가 이상히 여기노라"(갈 1:6), "너희의 받은 것 외에 다른 복음을 전하면 저주를 받을지어다"(갈 1:8,9)

바울은 "이상히 여기노라"와 "저주를 받을지어다" 등의 단어를 사용하면서 갈라디아 성도들의 감정에 호소하였다. 그의 용어 가운데 사랑, 희생, 자비 등 감정을 일으키는 단어는 수없이 많다.[12] 그러므로 감정을 유발시키는 단어나 문장을 사용하면서 청중을 사로잡아라.

　설교에서 최근에 발생한 비극적인 사건이나 감동적인 사건을 언급한다. 경고를 무시한 삼풍 사건이라든지, 아니면 한겨울 물에 빠진 일가족을 구하기 위해서 위험 속으로 자신들의 몸을 내던진 김일석, 김진석 형제의 희생 정신(97년 1월 사건)을 언급하면서 설교의 주제인 경고나 희생을 언급할 때 청중들의 감정에 긍정적 반응을 기대할 수 있다. 다시 말해서 삼풍 사건의 진상, 즉 죽은 사람들의 실상을 낱낱이 열거하게 되면 경고를 무시한 사람들이 맞게 되는 최후가 얼마나 처참한가를 일깨워주는 데 충격적이다. 이런 내용은 청중의 감정에 호소하는 것이다.

　특별한 논리를 동반하지 않았더라도 삼풍 사건을 통해 청중들은 경고의 중요성에 대해 크게 깨닫게 된다. 또 설교자가 위의 두 형제의 희생정신을 말하면 크게 감동을 받는다. 즉 훌륭한 행동에 관한 내용을 접하게 되면 청중들은 쉽게 동감한다. 이것도 청중의 감정에 호소한 것이다. 하지만 예화를 어떻게 사용하느냐에 따라서 효과적으로 청중의 반응을 얻을 수 있고 그렇지 못할 수도 있다. 다음의 두 예화를 읽고 어느 것이 더 마음에 와닿는지 한번 판단해 보라.

　　제가 잘 아는, 지금은 샐러리맨이 된 집사님이 있는데요, 한때는 그분이 사업을 크게 했습니다. 믿음으로 시작했지만 얼마 버티지 못하고 망하고 말았고 빚 독촉에 시달려 이곳저곳에 몸을 숨기며 살던 시절이 있었습니다. 한번은, 사업을 실패한 이유에 대해서 두 가지로 말했는데, 첫째는 중소기업의 자금 압박이었고, 둘째는 적은 자본으로 지나치게 일을 벌였다가 감당할 수가 없었다고 했습니다. 즉 욕심이 너무 컸기 때문이었던 것입니다. 성경은 말합니다. 욕심이 잉태하면 사망을 낳는다…. 욕심이 지나칠 때 우리는 모든 것을 잃기도 합니다….

자, 똑같은 내용을 아래와 같이 해보자.

제가 잘 아는, 지금은 샐러리맨이 된 집사님이 있는데요, 한때는 그분이 사업을 크게 했습니다. 믿음으로 시작했지만 얼마 버티지 못하고 망하고 말았고 빚 독촉에 시달려 이곳저곳에 몸을 숨기며 살던 시절이 있었습니다. 한번은, 사업을 실패한 이유에 대해서 조심스레 묻자, 두 가지를 말했는데, 첫째는 중소기업의 자금 압박이었고, 둘째는 적은 자본으로 지나치게 일을 벌였기 때문이라고 했습니다. 집사님은 떨리는 목소리로 덧붙이길, "목사님, 제가 욕심이 너무 컸었습니다." 하고 고백했습니다. 성경은 말합니다. 욕심이 잉태하면 사망을 낳는다…. 욕심이 지나칠 때 모든 것을 잃기도 합니다…. (박영재 설교)

위의 두 예 중에서 어느 것이 청중의 가슴에 더 와닿는가? 후자의 경우다. 왜 그럴까? 헛수고한 사람의 경우를 본인의 고백을 통해서 직접 들었기 때문이다. 청중들은 본인의 고백을 들을 때 더 그럴 듯하게 듣게 된다. 전자의 예에서 "… 즉 욕심이 너무 컸기 때문입니다." 하고 설교자가 말한 것보다 "집사님은 떨리는 목소리로, '목사님, 제가 욕심이 너무 컸었습니다.' 하고 고백했습니다." 하는 것이 더 가슴에 와닿는다. 왜냐하면 청중들이 본인의 고백을 직접 듣는 것처럼 생생하게 느끼기 때문이다. 즉 감정이 전달되기 때문이다. 게다가 실패한 이유에 대해 본인이 직접 고백했기에 권위가 더 있게 된다.

똑같은 내용이라도 설교자가 느끼는 대로 말하고 평가하는 것보다도 당사자의 고백 등을 직접 증언하는 것이 더 생생하게 감정에 와닿는다.

효과적인 감정 호소법은 무엇인가? 이에 대한 대답은 매우 길 수밖에 없다. 설교자는 예화를 사용하면서 감정 호소법을 사용할 수도 있으나 평범한 문장으로도 감정이 표출되게 할 수 있다.

한 가지 주의해야 할 것은 설교 전체가 감정을 유발하는 색깔로만 되어 있어도 바람직하지 않다는 것이다. 설교는 항상 사실에 기초해야 하며 그 사실을 청중이 보다 사실적으로 받아들이게 만드는 것이어야 한다.

하지만 설교자는 결론 부분에서 청중들에게 감정 호소를 적극 활용해야 한다. 서론과 본론에서 이성을 통해 청중들로부터 동의를 얻어내었으면 이제 그들로부터 결단을 내리게 하기 위해서 반드시 그들의 감정에 호소해야 한다.[13] 청중은 자신들의 감정을 통해서 결단을 내리기 때문이다. 훌륭한 설교들을 보라. 청중들이 감정을 통해서 결단하도록 촉구하지 않는가. 감정을 유발시키는 방법에 대해서는 이 책의 마지막 부분을 참조하라.

이성(논리)과 감정에 호소하라

　설교는 논리를 통한 호소와 감정을 통한 호소가 공존해야 바람직하다. 논리만 강조된 설교는 너무 매마르고 차갑게 느껴진다. 감정만 건드리는 설교는 너무 감정적이라 사실을 벗어나서 잘못된 곳으로 빗나갈 위험성이 있다. 그러므로 한 편의 설교 속에서 청중의 지성을 만족시키는 날카로운 논리와 청중의 감정을 유발시키는 감정에의 호소, 둘 다 공존할 때 바람직한 설교가 된다.
　설교 속에 정확한 논리가 펼쳐질 때 그 설교는 청중들이 지적인 차원에서 동의하게 만드는 힘이 있다. 하지만 설교의 목적에 부합하는 결단을 위한 반응은 청중의 감정에서 나온다. 그러므로 설교자는 청중의 감정에 호소하고 그 감정을 통해서 긍정적인 결단을 하게 해야 한다. 정확하고 날카로운 논리를 전개시킴으로써 청중들로 하여금 지적으로 동의하게 만들고 동시에 은혜의 맛을 느끼도록 감정을 자극하여 결단하게 할 때 그 설교는 분명 훌륭한 설교라 말할 수 있다. 그러므로 지적 감정적 호소를 지혜롭게 하라.
　많은 설교자들이 청중의 지성에 동의를 얻어내는 논리적인 설교도 많이 하지만 동시에 감정을 자극하여 동감을 얻어내지 못하는 설교도 많이 한다. 얼마 전 한 설교자의 설교를 들을 기회가 있었는데 그는 분명히 열심히 설교를 하였다. 하지만 청중들은 마음에 전혀 감동이 되질 않았다. 이미 청중이 잘 알고 있는 내용이었기에 새롭지 않았다.

"예수님은 우리를 위해서 2,000여 년 전에 십자가에서 돌아가셨습니다. 주님의 피공로는 우리를 살린 행위였습니다." 한다면 이 사실을 이미 알고 있는 청중들은 지적으로 동의한다. 하지만 마음에 아무런 감동도 일지 않는다. 왜냐하면 청중이 이미 알고 있는 내용을 설교자는 앵무새처럼 반복했기 때문이다. 즉 새로운 맛을 전혀 느끼지 못했기 때문이다.

만약 위의 사실을 통해서 청중들이 감동하게 만들려면 감정이 맛을 느낄 수 있는 내용(감정의 자극)을 삽입해야 한다.

> 1988년 유럽의 알베이니에 엄청난 지진이 일어난 적이 있는데, 이 지진으로 인해서 어린 아기와 엄마가 무너진 건물 속에 갇히게 되었습니다. 손이 닿을 듯 말 듯한 거리를 두고 조금도 움직일 수 없는 상태에서 엄마는 손가락을 깨물어 아기에게 피를 빨아먹게 했습니다. 그들이 6일 만에 구조되었을 때 지나치게 흘린 피 때문에, 아기는 살았지만 엄마는 끝내 숨지고 말았습니다. 영국 〈런던 타임〉지는 이 사건을 향해 '현대판 예수'로 규정했습니다. 엄마의 피를 공급받고 아기가 살아남같이, 예수님이 십자가에서 흘린 피로 인해 우리도 죄 용서함 받고 새 생명을 얻지 않았습니까?" (박영재 설교)

이러한 표현은 엄마의 희생에 관한 이야기를 통해서 감정을 불러일으키고 자극된 감정 위에 역사적 사실, 즉 예수님의 십자가의 죽음 사건을 연계시킨다. 결국, 사실을 통한 논리적 동의(예수님의

죽음)뿐 아니라 감정적인 반응까지도 불러일으키는 것(엄마의 희생)이다.

감정이 내포되지 않은 또 다른 예의 설교를 보자. 누가복음 5장에 나오는 빈 그물을 걷는 제자들의 이야기이다.

설교자가 말하길, "내가 말씀에 의지하여 그물을 내리리이다" 하면서 베드로는 깊은 곳에서 말씀대로 순종하며 그물을 내렸습니다. 한번 생각해 봅시다. 베드로와 어부들이 예수님의 말씀을 듣는 것이 쉬웠겠습니까? 컴퓨터 전문 기술자가 고장난 컴퓨터를 고치려고 안간힘을 쓰고 있는데 컴퓨터 문외한인 제가 이렇게 이렇게 해야 한다고 명령을 한다면 그 사람이 제 말을 따라서 하겠습니까? 아마 귀찮으니까 저리 비키라고 말할 것입니다. 베드로는 컴퓨터 전문가와 같이 어업에 전문가였음에도 불구하고 오히려 자신의 체면을 버리고

아마추어 어부인 예수님의 말씀에 순종합니다. 위대한 순종의 태도입니다. (박영재 설교)

이렇게 설교한다면 무엇이 문제인가? 위의 예는 필자의 부끄러운 예화 사용이다. 컴퓨터에 관련된 이야기는 분명 청중들에게 이해가 되는, 그리고 설교자가 무엇을 말하려고 하는지에 도움이 되는 내용이다. 하지만 청중들의 감정을 불러일으키는 데에는 아무런 도움이 되질 않는다. 왜냐하면 컴퓨터 기술자의 감정을 노출시키지 않았기 때문이다.

이와 같은 내용은 너무 딱딱한 예화이다. 그러므로 청중들의 감정을 불러일으킬 수 있는 예화를 사용해야 한다. 즉 컴퓨터 기술자의 감정을 나타낼 수 있는 부분을 상세히 묘사해야 한다. 사물 대신에 사람에 관련된 내용으로 예를 들어야 청중들의 감정에 반응을 불러일으키게 된다.

"여러분, 신자와 불신자 간에 어떤 차이점이 있는지 아십니까? 여러분이 알다시피, 애플 컴퓨터는 애플 컴퓨터 프로그램만 받아들일 뿐 IBM 컴퓨터 프로그램은 받아들이지 않습니다. IBM 컴퓨터도 IBM 컴퓨터 프로그램만 받아들일 뿐 애플 컴퓨터 프로그램을 받아들이지 않습니다. 불신자와 신자 간의 차이점도 바로 이와 같습니다." 한다면, 이는 사물을 예로 들면서 설명했기에 청중의 감정에 아무런 동요를 일으키지 못한다. 차라리 불신자와 신자와의 관계를 세계관의 차이라든지, 돈을 쓰는 용도의 차이라든지, 가치관의 차이 등을 언급하는 것이 더 실제적이며 감정에 호소하는 것이다.

불신자 청중에게 전도하기 위해서 설교자가 아래와 같은 말을 했다고 치자.

파스칼은 그의 책 「팡세」에서 천당과 지옥이 존재할 확률은 50%라고 했습니다. 만약 사람이 죽고 보니 지옥이 존재하지 않았다면 하나님 믿었다가 손해 될 것은 없습니다. 그렇지만 죽고 보니 지옥이 기다리고 있었다고 한다면 하나님 믿었던 것이 얼마나 다행스러운지 모릅니다. 그러니 믿어서 손해 될 것이 없는 하나님을 믿읍시다.

설교자가 이렇게 귀결을 맺으면 논리적으로 마칠 수 있다. 그러나 이런 상황으로 설득을 마치면 문제가 생긴다. 이와 같이 설교를 마치면 설교가 너무 사색적이 되어서 결국 청중을 사색하는 사람으로 전락시키는 결과를 낳는다. 이러한 설교는 지적이면서 마음이 차가운 설교자들에게 종종 들을 수 있는 설교들이다. 다시 말해서 위의 내용은 청중을 지적인 면에서만 깨닫게 하는 작업을 했지 청중이 "그렇구나! 정말로 하나님을 믿어야 겠다." 하는 감정적으로 결단을 내리게 하는 데는 아무런 자극을 주지 못한다.

좋은 설교는 지적으로 깨닫게 해서 공감을 불러일으키고 감정으로 결단을 내리게 해야 한다. 이를 위해서 설교자는 위의 설교의 뒤를 이어서 감정을 불러일으킬 내용을 삽입해야 한다. 그러므로 설교자는 "… 얼마나 다행스러운지 모릅니다."와 "그러니 믿어서 손해될 것이 없는 하나님을 믿읍시다." 하는 문장 사이에 청중의 감정을 불러일으킬 수 있는 문단을 삽입해야 한다.

파스칼은 그의 책 「팡세」에서 천당과 지옥이 존재할 확률은 50%

라고 했습니다. 만약 죽었는데 지옥이 존재하지 않았다면 하나님 믿었다가 손해 될 것은 없습니다. 그렇지만 죽고 보니 지옥이 기다리고 있었다면 하나님 믿었던 것이 얼마나 다행스러운지 모릅니다. 확률적으로 생각해 볼 때 하나님을 믿어서 손해 볼 것은 없습니다. 하지만 우리 신자들은 확률에 의해서 하나님을 믿는 것이 아닙니다. 인간적인 꾀로 평생을 살아온 야곱은 생의 위기를 만나자 지식으로만 알고 있던 하나님을 체험하기 위해 얍복 강가에 엎드려 밤을 새워가며 기도합니다. 그 처절한 울부짖음 속에서 마침내 야곱은 살아계신 하나님을 만납니다. 피상적으로 알던 하나님을 체험을 통해 구체적으로 알게 되고 그 이후로 흔들릴 수 없는 믿음을 갖게 됩니다. 우리가 하나님을 믿는 것은 확률에 의해 믿는 것이 아닙니다. 지금도 살아계심을 알고 확신 가운데 믿는 것입니다. 그러므로 저와 여러분은 하나님을 믿되, 확률에 의함이 아니라 살아 계신 하나님을 체험한 확신 가운데 믿으시길 바랍니다. (박영재 설교)

이 예는 확률에 의한 신앙의 가능성을 청중의 지성에 호소했고 야곱의 예를 들어서 청중의 감정에 호소를 했다. 지성과 감정에 동시에 호소할 때에 설교에는 균형을 이루는 설득력이 있다. 하나 더 예를 들어보자.

얼마 전에 나는 차고문을 고치려고 했습니다. 드라이버를 사용하며 못을 빼려 했습니다만 드라이버를 돌리면 돌릴수록 그 못은 더 깊숙히 박히는 것이었습니다. 이웃 남자가 다가와 나의 곤경을 안타까워하며 자세히 살펴보더니 "아 이것은 왼손잡이용 못이군요. 보통 못과는 반대로 만들어진 것입니다. 못을 빼려면 보통 못과는 달리 반대로 돌려야 합니다." 하고 말했습니다. 저는 못이 어떤 종류들이 있고 그 못마다 그것들을 어떻게 해야 박을 수 있고 뺄 수 있는지, 그 법칙들을 배우는 데 무려 50년이나 걸렸습니다. 성경도 이와 같습니다. 우리가 옳다고 생각하는 법도를 성경은 그르다고 말하기도 합니다. 올라가는 길이 내려가는 길이기도 합니다. (라빈슨 설교)

연장 사용에 서툴렀던 사람의 고백을 통해서 인간의 연민을 느끼게 한다. 이것은 청중의 논리와 감정에 동시에 호소하는 것이다.

설교자의 인격으로 호소하라

청중을 위해서는 최선을 다하는 성실성, 적을 향해서는 가장 신랄한 비난을 하라. 이를 위해서 설교자의 선함, 선한 의지, 그리고 도덕성 등을 사용하라. 이 부분은 수사학에서 가장 강조하는 부분

이다. 그러나 필자는 지금껏 여러 면에서 이 부분에 관해서 언급했다. 또 뒷부분에 나오는 '선한 의지를 자극하라'(good-will speech)를 참조하라. 다만 강조하고 싶은 것은 설교는 구성과 내용이 아무리 훌륭하더라도 전달자의 인격이 바로 되어 있지 못하면 설교의 진가는 제대로 전달될 수 없다. 하지만 설교가 좀 엉성하고 질적인 면에서 뒤떨어진다 해도 설교자가 훌륭하면 그 설교는 의미 있게 청중들에게 전달될 것이다. 이 부분은 이 책의 결론으로 다시 한 번 강조될 것이다.

5
논리를 개발하라

강대상을 친다고

침을 튀긴다고

설교가 전달되던 시대는 지났다.

한 번 익혀서 평생 써먹는

논리개발의 비결 14가지.

논리에 강한 설교가

감동도 크다.

Logic

―― 논리의 뼈대를 세우라 ――

설교 논리를 개발하는 또 다른 방법은 설교에 신뢰성을 갖게 하거나 설교를 선명하게 전달하기 위해서 논리를 개발하는 것이다. 논리를 확실히 하기 위해서 설교자는 여러 방법들을 사용할 수 있는데 아래 방법들은 결국 설교의 질을 높일 뿐만 아니라 청중들로 하여금 설교에 신뢰감을 갖게 한다.

분명한 자료(data)를 사용하라

현대는 산업 사회가 아니다. 정보 사회요 지식 사회이다. 청중들은 정보를 듣는 데 익숙해 있고 지식을 얻는 데 익숙해 있다. 예화나 역사, 혹은 성경 본문에 대한 설명에서 구렁이 담 넘어가는 듯한 설명이나 진행은 현대와 미래 청중을 만족시킬 수 없다. 통계 자료, 역사적인 근거, 사실 등을 내포하는 표현들이 예화나 본문 설명에 나타날 때, 설교는 청중들에게 신뢰성을 더해줄 수 있으며

지적 만족도를 높여준다.[1]

　　1973년 6월 12일 오후 1시쯤 강원도 영월에서 아기를 업고 시내 버스를 기다리고 있던 기도의 여인, 김소영 씨에게 갑자기 '버스를 타선 안 된다.'는 생각이 들었습니다. 이상하게 생각되면서도 다급한 김에 버스에 올라탔지만 그녀에게는 내려야 한다는 생각이 계속해서 치솟았습니다. 운전수에게 부탁하여 즉시 차에서 내렸습니다. 그 여인의 시야에서 채 사라지기 전에, 그 버스는 낭떠러지로 굴러떨어졌습니다. 하나님은 기도하는 사람의 앞길에 놓인 위험을 결코 외면하지 않습니다.

이 예화는 사건의 신빙성을 더해준다. 그러나 "옛날에 어느 여인이 강원도에서 버스를 기다리는데…." 하고 말하면 신빙성이 덜하고 사건의 내용이 워낙 신비적이라서 의심이 갈 수밖에 없다. 신빙성에 의심이 갈 때 설득력도 약해진다. 그러므로 신뢰성을 필요로 하는 예화일수록 명확한 자료가 뒷받침되어야 한다.

또 다른 예를 들어보자.

　　미국 뉴저지에 살고 있던 존 미코프스키라는 사람은 아내와 이혼만 하면 자기에게 다시 행복이 찾아올 것이라고 확신했습니다. 그래서 고심하던 끝에 이혼 수속을 하게 되었습니다. 드디어 그의 이혼 수속은 1993년 1월 21일에 종결되어서 그가 원하던 대로 아내와의 부부 관계가 법적으로 종료되었습니다. 그는 통쾌했습니다. 그런데 바로 그 다음날이었습니다. 그러니까 1월 22일이었지요. 그와 이혼을 한 아내가 뉴저지의 'Pick-6 Lottery'라는 복권에 당첨되어서 자그마치 1천 20만 불이라는 천문학적인 액수의 돈을 받게 되었습니다. 미코프스키 부부의 이혼과 바로 그 이튿날 이혼녀가 엄청난 복권에 당첨된 사실을 알게 된 신문사에서는 미코프스키의 변호사인 코마스 클라인에게 이혼한 남편의 상태가 어떠냐고 물어보았습니다. 그러자 변호사는 다음과 같이 답했습니다. "네 그분이 어제는 참으로 유쾌하고 기뻤습니다만 오늘은 한마디로 대단히 분이 치밀어오른 상태입니다." 여러분, 어제 한 일 때문에 지금, 아니 평생 후회가 될 일은 없습니까?

이것도 역사적인 정확성을 나타내기에 사건의 신빙성을 더해준다. 이를 위해 날짜, 사람 이름, 장소 등을 언급했다.

"현대는 전통이 허물어지는 시대입니다." 하고 말문을 연다면 그 다음은 어디서 어떻게 전통이 허물어지고 있는지를 알고 싶어하는 것이 청중의 욕구이다. 그러므로 "가정을 중시하던 영국의 경우 이혼율이 20여 년 전에 비해 35% 증가했습니다." 하는 것은 정확한 자료를 통해서 신빙성을 더해주고 동시에 설득력을 발휘한다.

자료의 출처를 밝히라

요즈음 개헌 논의가 한참인데, 어느 것이 더 바람직한가를 주장하면서 "최근 영국 〈이코노미스트지〉에서 발표한 살기 좋은 나라 10위권을 보면 내각제가 8개국이고 대통령제와 이원집정제가 하나씩에 불과합니다. 그러므로 경제적 우선권을 생각하면 내각제가 더 바람직하지요. 그러므로 내각제를 합시다."(김종필) 한다면 밝혀진 자료의 출처와 정확한 정보 제공을 통해서 청중들은 연설을 신뢰하게 된다.

사실이나 진리를 사용하라

논리의 출발을 위한 전제 조건이 청중들로부터 동의를 얻지 못하면 나머지 부분, 즉 본론과 결론도 청중들로부터 동의를 얻을 수 없게 된다. 그러므로 성공적인 설교를 위해서는 청중이 동의할 수 있는 수준에서 서론을 시작해야 한다. 물론 본론과 결론 어디에서든지 사실이나 진리를 사용해야 한다.

더 이상의 설명이나 변론이 필요 없을 만큼 분명한 사실들을 말한다. 즉 모두가 동의할 수밖에 없는 진리들을 사용할 때 청중들은 설교를 신뢰한다.[2]

설교에서 "서울은 … 큰 도시이다." 하고 말할 때 이 내용을 부정할 사람은 아무도 없다. 청중들이 이 사실을 받아들인다는 것이다. 왜냐하면, 사실(事實)이기 때문이다. 사실을 이야기할 때 청중들은 어떠한 의심도 하지 않는다.

"소금은 바닷물에 2%도 채 되지 않으면서도 바닷물의 부패(腐 悖)를 방지합니다. 그러나 한국의 기독교인들은 전체 인구의 20% 나 되면서 썩어가는 사회를 회복시키지 못합니다. 범법 행위들이 작년에 비해서 38%(만약)나 증가했습니다. 이 썩어가는 사회를 막을 기독교인의 힘은 어디에 있습니까?" 한다면 이러한 통계에 기초된 사실들을 부인할 사람은 아무도 없다. 그러므로 이 사실에 어떤 옹호나 변론도 필요치 않다.

사실이 내포되지 않은 내용의 설교, 예를 들면 "우리나라에는 기독 인구가 참 많은데도 썩어져 가는 사회를 막는 힘이 참 약합니다." 하는 내용은 설득의 힘이 약하다.

"우리나라는 최근 2년(94-96) 동안 소비가 21%나 증가했습니다. 이는 일본의 4.9%에 비해서 엄청난 증가입니다. 우리나라 국민의 사치성 소비가 얼마나 심한가를 단적으로 보여주고 있습니다. 저와 여러분이 이처럼 사치성이 높습니다."

이렇게 이야기하는 사람이 있다면 이에 대해서 이의를 달 사람은 없다.

정확한 통계 자료는 설교에 권위를 부여한다. 청중은 이러한 사실에 기초한 메시지의 전개에 동의하게 된다. 청중 자신이 썩어가는 사회를 방지하는 소금과 같은 삶을 살지 못한 것을 인정하게 되고 사치성 소비성향이 많은 자신임을 인정하게 된다.

사실을 확인할 수 없는 내용들, "우리나라는 일본보다 사치성 소비가 더 많은 것 같습니다. 저와 여러분이 그렇게 사치성이 높습니다." 하고 설명하는 것과는 천양지차이다.

방탕한 삶을 살고 있는 젊은이들에게 "여러분, 죽음 후의 세계는 반드시 있습니다. 그곳은 우리의 고향입니다." 한다면 얼마만큼의 설득이 있을까? 미지수이다. 왜냐하면 믿을 수 있는 사실이 전제되지 않았기 때문이다. '죽음 이후의 삶'에 관한 설교를 하게 된다면, 특히 천국에서의 삶이 죽음 후에 주어진다는 내용을 말하고 싶다면, 설교자는 죽음 이후의 세계에 관해서 사실들을 증명하기 어렵다. 이런 때 설교자는 서론에서 또 다른 '사실'을 사용함으로써 시작할 수 있다.

여러분들이 알다시피 얕은 강가에서 태어난 연어는 고향을 떠나 수백 마일 떨어진 바다에 가서 살게 됩니다. 하지만 죽는 날이 가까이 오게 되면, 그들은 그들이 태어난 장소를 기억하고 그곳으로 되돌아갑니다. 피조물들은 죽음이 가까워올 때, 고향을 그리워하며 그곳으로 돌아가길 원합니다.

"피조물들은 죽음이 가까워올 때 고향을 그리워하게 된다."는 사실은 청중들의 마음에 사실로 다가간다. 이 사실에 대해서 누구도 이의를 제기하지 않는다. 왜냐하면 과학적인 발견을 사실로 받아들이고 있기 때문이다.

설교자는 이 과학적 사실을 언급한 후에 다음과 같은 이야기를 연결시킬 수 있다.

"어제 저는 암으로 죽어가는 할머니 한 분을 병원에서 만났습니다. 그분은 제게 '목사님, 제가 죽은 후에 돌아갈 고향이 있습니까?' 하고 물었습니다. 여러분도 할머니나 연어처럼 죽은 후에 돌아갈 고향이 있습니까?"

이러한 질문은 연어의 삶과 사람의 삶을 연계시킴으로 죽음 후에도 인간에게 영원한 고향이 있음을 자연스럽게 느끼거나 받아들이도록 한다. 결국 사실을 먼저 말하게 되면 그 뒤의 사건(할머니 이야기)도 사실로 받아들이기 쉽다는 것이다. 이것은 또한 인간의 마음에 자극을 주는 것이며 설득을 위한 발판을 형성하는 것이다. 설교에 있어서 사실 혹은 진리를 사용하는 것은 청중들의 마음에 동의를 불러일으키는 훌륭한 도구이다.

추정(Presumption)을 사용하라

설교에 있어서 청중들의 동의를 끌어내는 또 다른 방법은 추정을 사용하는 것이다. 보통 인간의 삶 속에서 발생하는 것들, 즉 납득할 만한 일반적인 감각이나 경험들을 추정하며 전개시키면 이 또한 훌륭한 논리 전개가 될 수 있다.[3]

> 젊은이들은 섹스(sex)에 관심이 많습니다. 중년들은 돈과 명예에 대해 관심이 많습니다. 노인들은 죽음에 대해서 관심이 많습니다. 여러분의 관심은 무엇입니까?

이것은 과학적인 자료나 사실이 아니다. 단지 일반적인 경험에 기초한 추정일 뿐이다. 자료에 근거한 내용보다는 신뢰도가 떨어진다. 하지만 도움이 된다. 왜냐하면 사람들이 경험하는 상식적인 내용들이라서 쉽게 수긍하기 때문이다.[4]

또 다른 예를 생각해 보자. "사람의 행동은 그의 성격을 나타낸다."는 성명은 또 진리가 될 수 있다. 추정(presumption)이 청중들이 경험했던 내용과 일치할 때 이러한 추정은 사실로 인식된다. 예를 들어보자.

> 예수님의 '내가 곧 길이요 진리요 생명이라' 는 말씀이 과학이 진리라고 믿고 있는 분들에게는 의미 없는 설명일 수 있습니다. 그러면 우리는 예수님의 말씀을 어떻게 믿어야 할까요? 그분의 신실한 행동은 우리로 하여금 그분의 말씀을 믿게 합니다. 그분은 그가 말씀하신 대로 지키고 사셨기 때문입니다. 그분은 '너의 이웃을 네 몸과 같이 사랑하라.'고 말씀하시고 말씀하신 그대로 자신이 많은 사람을 대신해서 죽으셨습니다. 그의 말씀은 그의 행동 속에서 그대로 나타났습니다. 말은 쉽고 행동은 어려운 인간의 생리에 비춰본다면, 예수님의 행동은 그의 말씀이 진리인 것을 확신케 합니다. 그러므로 예수님의 말씀은 과학의 시대에도 우리에게 진리로 확신을 줍니다.

예수님의 행동을 통해서 그분의 말씀들이 사실임을 청중들이 인식하게 되는 것이다.

또 다른 추정을 해보자. 창세기 4장에 아벨과 가인의 이야기가 나온다. 그들이 각자 예배를 드릴 때 하나님은 아벨의 예배만 받으셨다. 여기서 설교자의 추정이 사용될 수 있다.

> 왜 하나님은 가인의 예배를 받지 않으셨을까요? 물론 히브리서는 아벨이 믿음으로 예배를 드렸다고 했습니다. 이것은 가인이 믿음이 없는 예배를 드렸다고 볼 수 있습니다. 그러면 믿음이 없었다는 뜻이 무엇입니까? 하나님이 가인의 예배를 받지 않자, 5절에 보니, 가인

은 하나님께 즉각적으로 화를 냈습니다. "하나님, 내 예배가 무엇에 문제가 있었기에 예배를 받지 않았습니까?" 하며, 두렵고 떨리는 마음으로 물어봐야 하는 것 아닙니까? 그런데 그의 마음은 하나님께 오히려 화를 내는 정반대의 모습이었습니다. 그러고 보면 하나님이 예배를 받지 않으신 이유는 가인의 교만한 태도 때문이었습니다. 하나님은 우리의 예배 속에서 태도를 중요시 여깁니다. 우리의 예배 태도가 잘못되면 하나님은 우리의 예배를 받지 않을 수도 있습니다.

(박영재 설교)

"가인의 교만한 예배 태도 때문에 하나님이 그의 예배를 받지 않으셨다."는 설교자의 추정은 설득력이 있게 된다.

가치를 사용하라

서론이나 논리 전개 과정에서 가치의 개념을 사용함으로써 훌륭한 논리를 전개시킬 수 있다.[5]

'나는 부와 명성을 누리며 살았습니다. 그렇지만 내 삶은 불행했고 외로웠습니다.' 하는 사람이 있고 또 한 사람은 '나는 가난하게 살았습니다. 하지만 내 삶은 행복했고 늘 즐거웠습니다. 예수가 있었기 때문입니다.' 하는 사람이 있다면 여러분은 어느 삶이 더 바람직한 삶이라고 생각하십니까?

위와 같이 묻는다면 청중들은 더 가치 있는 것을 선택하고자 하며 결국 후자의 경우를 선택한다. 전제를 통해서 가치에 대한 논리가 효과적인 무기임에 틀림없다.

구체적인 가치를 사용하라. 구체적인 가치 개념은 추상적인 가치 개념보다 논리 전개에 있어서 더 효과적이다.

"베드로는 진리를 지키는 청지기로서 기독교의 훌륭한 지도자입니다."라고 하는 것과 "베드로는 진리를 지키는 청지기로서 기독교의 훌륭한 지도자입니다. 왜냐하면 그는 죽음으로써 기독교의 진리를 지키고자 했기 때문입니다."라고 하는 것을 비교할 때 후자의 경우가 더 설득적이고 동의할 만하다. 왜냐하면 구체성을 띠기 때문이다.

"예수님은 정의의 사도였습니다. 그분은 정의를 위하여 싸웠기 때문입니다."라고 한다면 이것 또한 가치를 구체적으로 드러내는 것이다. 왜냐하면 예수님의 정의는 행동으로 옮긴 정의였기에 독특한 정의가 된 것이다. 이처럼 구체적인 가치는 청중들에게 보다 설득적이다.

또한 계급적(Hierarchy or Higher Value) 가치를 사용하라. 설교자가 계급적인 가치를 표현할 때 메시지는 보다 선명해진다.

교회에서 성도들 간에 마음이 나뉘어 있을 때, 한마음이 되게 하기 위해서 사랑의 고귀함을 강조할 수 있다. 사랑의 고귀함 앞에서 나뉘어진 성도들의 마음이 어리석은 일인 것을 알게 하고 이에 성도들이 한마음 되고자 하는 태도를 취하게 한다. 결국 현재의 상황 속에 있는 것, 현재 느끼고 있는 것보다도 더 뛰어나고 가치 있는 사실을 입증함으로써 청중을 설득하는 것이다.

질(Quality)을 비교하라

보다 나은 질(質)을 인식시킴으로 청중들로 하여금 그것을 선호하도록 한다.[6] "여러분은 엄마가 자식을 위해서 희생한다는 이야기를 잘 알고 있을 것입니다. 하지만 예수님이 십자가에서 보여준 가장 고귀한 희생을 아십니까?"

"예수님은 그의 생명의 일부분을 주신 것이 아닙니다. 전체를 주셨습니다. 예수님은 우리에게 그가 가지고 있는 최고의 것, 즉 그의 하나뿐인 생명을 주셨습니다. 마찬가지로 하나님은 그분께 우리가 가지고 있는 최선을 드리길 원하십니다."

조금 더 나은 것, 보다 나은 것, 최선책 등을 제시할 때 청중들로부터 동의를 끌어낼 수 있다.

마가복음 5장 21-34절의 혈루증을 앓는 여인에 대해서 이렇게 설교할 수 있다.

> 예수님의 옷가에 손이 닿기만 해도 혈루병이 나을 것이라는 믿음으로 혈루증을 앓는 여인이 손을 내밀었을 때 예수님의 능력이 그녀의 흐르는 피를 멈추게 했습니다. 많은 사람들이 예수님의 몸과 옷을 만졌지만 왜 유독 그녀에게만 예수님의 능력이 나갔습니까? 무엇이 달랐기 때문입니까? 예수님의 몸에 닿는 손길에 차이가 있었기 때문입니다. 다른 사람들은 호기심에서, 장난삼아서, 우연히 손을 내밀었지만, 그녀의 내미는 손길은 예수님에게서 능력이 나올 것이라는 믿음이 실린 손길이었습니다. 우리가 무엇을 하든지 믿음으로 행해야 역사가 일어나는 법입니다. 믿음이 실린 기도와 믿음 없이 하는 기도는 다릅니다. 믿음이 내포된 예배와 믿음이 내포되지 않은 예배는 다

룹니다. 믿음으로 봉사하는 것과 믿음이 없이 봉사하는 것은 다릅니다…"(박영재 설교)

설교자가 더 나은 질을 끄집어내어 제시할 때, 특히 비교하며 제시할 때, 청중들은 선명하게 이해할 뿐 아니라 쉽게 동의한다. 이러한 노력은 성경을 해석하는 작업에서부터 예화를 설명하는 것까지 모든 면에서 필요한 방법임은 두말할 나위가 없다.

백부장의 이야기도 마찬가지이다. "예수님이 왜 백부장의 믿음을 향해서 '내가 이만한 믿음을 만나보지 못했느니라' 하고 말씀하셨습니까? 예수님이 그의 믿음을 극찬한 것을 보면 보통 사람들의 믿음과는 달랐기 때문이 아닙니까? 그것이 무엇입니까?" 하면서 질의 차이점을 부각시키며 본문을 설명해 나갈 때에 성도들의 관심이 집중될 수밖에 없다.

왜냐하면 청중들은 그 차이점을 궁금해 하기 때문이다. 이때 설교자는 청중이 궁금해 하는 부분을 따라서 설교를 풀어나간다. 결국 설교자는 청중들의 마음을 사로잡고 있는 것이다. 예수님의 칭찬의 이유가 곧 양질의 믿음 때문이었음을 부각시키면 청중들은 귀를 기울인다.

양(Quantity)을 비교하라

보다 많은 사람들이 유익을 얻거나 특권을 누리게 될 것이라는 제안에는 청중들이 자연스럽게 동의한다.

"나는 이 복음 전하는 것을 부끄러워하지 않습니다. 왜냐하면 하나님은 가능한 한 모든 사람들이 구원에 이르길 원하시기 때문입니다." 하면, 많은 지체 안에 자신들이 포함되어 있기에 자연스럽고 편안한 마음으로 받아들일 수 있다.

청중은 자신이 많은 사람들 가운데 속해 있기에 외로움을 덜 느끼고 소속된 그룹이 대체적으로 인정받고 있음을 확인하게 되고 이에 만족해 한다.

이단들은 자신들이 어느 그룹에 속해 있는지를 밝히기를 꺼려한다. 그들은 자신들이 대다수가 아니라 극소수이며 사람들에게 잘못된 집단으로 인식되고 있다고 생각하고 있기 때문이다. 그러나 만약에 10명 중 7명이 이단들이 사는 나라라면 이단들은 그들이 이단에 속해 있음을 부끄러워하지 않을 것이다. 자신들이 다수 가운데 속하므로 소속에 자신감을 지니게 되기 때문이다.

"나는 여러분 모두가 주님이 주시는 축복을 누리시길 바랍니다." 하면 소수보다는 다수의 청중이 하나님의 축복을 받는 것을 더 만족해 하는 것을 알 수 있다. 또 "요즈음 현대인들이 누리는 문화생활 가운데 하나는 일요일에 교회 가는 것이라고 한 잡지는 분석했습니다." 혹은 "한국의 가장 발달한 서울의 강남에서는 기독 인구가 50%를 넘어서고 있다는 진단입니다. 정부 고위 관계자들이나 군인들도 기독교인이 60%를 넘고 있다고 합니다. 어딜 가든지 우리는 기독교인들을 만날 수 있고 믿음으로 서로를 위로하며 살 수 있게 되었습니다." 하면 자신이 대다수의 사람들의 삶에 포함되며 상식적인 삶을 살고 있음에 자위한다. 자신들이 이단이나 소수의 무리들 가운데 끼지 않고 다수가 누리고 있는 종교에 속해 있음을 만족해 한다.

질서(Order)의 논리를 활용하라

질서의 논리 중에서 원인과 결과의 논리는 매우 일반적이고 효과적인 방법이다. 결과를 보면 사람들은 원인을 알고 싶어한다.

텔레비전의 PD가 서울 중랑천의 지저분한 장면들을 보여준다고 하자. 다른 지역에 비해서 그곳 지역이 특별히 더 더럽다는 설명과 더불어 보여준다. 그 다음 PD는 질문한다. "왜 이곳이 특별히 다른 곳에 비해 더 더러울까요?" 원인을 끄집어내기 위한 질문이다. "지나가는 차들이 마구 버리고 낚시꾼들이 버리고 가기 때문입니다." 하고 말하는 한 미화원의 말을 인용하였다. 결과를 먼저 보여주고 원인을 추적하였다. 시청자들은 선명하게 이해한다.

설교자는 창세기 3장 8,9절을 가지고 이렇게 말할 수 있다.

> 8절에 보니 아담은 하나님으로부터 자신을 숨겼습니다. 그 앞 부분에서는 아담은 하나님과 좋은 관계를 유지하고 있었습니다. 그러나 이 장면에서는 아담 스스로 하나님으로부터 숨길 원했습니다. 왜 그랬습니까? 왜 떳떳하던 아담이 하나님으로부터 몸을 숨겼습니까? 하나님께 불순종의 죄를 범했기 때문입니다. 자신이 하나님께 거역하였음을 깨달았을 때 수치심을 느꼈고 죄스러움을 느꼈습니다. 그래서 하나님을 피하고 싶었던 것입니다. 우리도 아담처럼 불순종의 죄를 지으면, 우리 자신을 하나님과 사람으로부터 피하고 싶어 합니다.

설교자가 사건의 원인을 분석했을 때 이성적인 청중들은 그 메시지의 내용을 선명하게 이해하고 동의하게 된다.

설교자는 또 이렇게 말할 수 있다.

> 난공 불락의 요새 여리고 성을 무너뜨린 후 이스라엘 백성들은 아이 성을 침략하게 되었습니다. 여리고 성에 비하면 보잘것없는, 별 힘을 쓰지 않고도 무너뜨릴 수 있는 작은 성이었습니다. 그런데 오늘 본문에는 이스라엘 백성들이 아이 성 침공의 실패를 안타까워하며 통곡하고 있는 장면입니다. 왜입니까? 왜 그 큰 여리고 성을 무너뜨린 그들이 그 작은 아이 성을 침공하는 데 실패했습니까? 물론, 아간의 불순종 때문입니다. 하지만 거기에는 더 분명한 이유가 있습니다. 여리고 성을 무너뜨릴 때는 두려움 속에서 하나님의 인도함을 온전히 순종하며 나아갔습니다. 하지만 아이 성 침공 때는 숫자적 우위를 앞세워 기도 없이, 하나님의 인도함을 받지도 않고 자기들 생각대로 침공했습니다. 어려운 일을 만났을 때는 하나님을 적극적으로 의지했지만, 내 힘으로 할 수 있다는 생각이 들 때는 하나님을 찾지도 의지하지도 않았던 것입니다. 영적 교만에 이른 것 아닙니까? 하나님은 신실하게 하나님을 의지하는 백성의 앞길을 인도하시지만, 하나님을 외면하는 교만한 사람에게 실패를 허락하실 수 있음을 기억하시기 바랍니다.
>
> (박영재 설교)

이처럼 결과를 먼저 밝히고 원인을 추적해 나갔다. 이런 방법은 역시 논리적이기에 성도들이 관심을 갖고 듣게 된다.

성경 본문으로부터 적용할 진리를 끄집어내거나 예화로부터 핵심 내용을 찾아낼 때 본문으로부터 원리를 찾아내어 적용해 보자.

이 장면은 예수가 부활하신 후 주님을 부인하고 자신이 잘못했음을 인정했던 베드로에게 나타나시는 장면입니다. 베드로는 예수님을 떠났습니다. 그리고 자신은 더 이상 사랑받는 수제자가 될 수 없다고 생각하며 옛 어부 생활로 되돌아갔습니다. 그러나 예수님은 그러한 베드로에게 다시 나타나셨습니다. 그리고 말씀하십니다. "베드로야 네가 나를 사랑하느냐?" 예수님은 베드로를 결코 책망하지 않았습니다. 단지 용기만을 북돋워주십니다. 왜 그렇습니까? 예수님께서 그에게 두번째 기회를 주시기 위해서입니다. 인간은 한 번의 기회에 실패하면 그 사람을 버리기도 합니다. 하지만 주님은 아무리 가능성이 없어 보이는 사람에게도 또 다른 기회를 주십니다.(박영재 설교)

요한복음 21장을 본문으로 한 위 설교에서 우리는 근본적인 원리를 끄집어낼 수 있다. 즉 그것은 "하나님은 우리에게 두번째 기회를 주시는 분이다." 하는 진리이다. 청중들에게 적용할 수 있는 진리를 원리화시킬 수 있어야 한다. 본문으로부터 상식적이고 납득할 만한 원리를 끄집어내어 설명할 때 청중들은 그 논리적인 추론에 동의하게 된다.

보다 쉬운 예를 보자. 설교자는 이렇게 말할 수 있다.

느헤미야 1장 4-11절까지 읽어봅시다. 느헤미야가 자신의 조국 예루살렘의 불행을 들은 뒤 조국을 위한 중보기도를 하는 장면입니다. 첫번째 기도하는 모습을 봅시다. "내가 이 말을 듣고 앉아서 울고 수일 동안 슬퍼하며 하늘의 하나님 앞에 금식하며 기도하여 가로되 하늘의 하나님 여호와 크고 두려우신 하나님이여… 나와 나의 아비 집이 범죄하여…" 중보기도에서 그는 자신의 죄를 먼저 고백합니다. 여러분, 중보기도에서 가장 먼저 해야 할 기도 내용은 가족이 아닙니다. 국가가 아닙니다. 자신의 문제 해결을 간구하는 것이 아닙니다. 바로 기도하는 사람 자신의 죄를 고백하는 일입니다. 죄지은 모습으로 죄를 용서받지 못한 채 올리는 기도는 상달되지 않기 때문입니다. 그러므로 저와 여러분은 중보기도시에 먼저 자신의 죄를 찾아내어 회개하고 용서받은 후에 남과 이웃을 위해 기도할 수 있기를 바랍니다….(박영재 설교)

예화 사용에 있어서도 마찬가지다.

92년도 바르셀로나 올림픽 마라톤은 잊을 수 없는 장면이었습니다. 그토록 목말라하던 마라톤 경기 부분에서 황영조 선수가 기어이 조국의 품에 영광의 우승을 안겨주었기 때문입니다. 이번 우승은 손기정 선수의 뒤를 이은 몇십 년 만의 쾌거였기에 더욱 값진 것입니다. 이 마라톤 장면 중에 아직도 잊을 수 없는 것이 있습니다. 그것은 황영조 선수가 우승 직후 감격해 했던 장면이 아닙니다. 우리나라의 이름이 온 세계에 알려진 역사적인 순간이었기 때문도 아닙니다. 제게 잊을 수 없던 장면은 "끝이 분명히 있구나." 하는 사실에 대한 확인 때문이었습니다.

황영조 선수가 얼굴을 찡그리면서 힘든 발걸음을 마지막까지 포기하지 않았던 것은 눈앞에 끝이 보였기 때문입니다. 출발 직후 막바지에 이르러 온힘을 다한 것은 그의 눈앞에 끝이 가까웠기 때문입니다. 테이프를 끊는 순간 그는 그 자리에서 퍽 쓰러지고 말았습니다. 그는 그랬을 것입니다. "끝났다. 그 지겨운 고독과 고통의 과정은 다 끝났다. 그리고 난 마지막에 이겼다!" 얼마나 감격스러웠겠습니까?

그렇습니다. 시작이 있으면 반드시 끝이 있습니다. 사람의 생명도, 우리의 신앙생활도 시작했으면 끝을 맺을 때가 있습니다. 그래서 지혜로운 사람은 항상 끝을 생각하며 산다고 하지 않습니까?

(박영재 설교)

평범한 예화를 설교자가 원하는 주제로 전개하는 기술이다. 선명한 주제 전개가 아닌가?

> 아직도 우리의 뇌리에 생생한 삼풍사건은 생각만 해도 충격적입니다. 1,000여 명의 희생자를 낸 이 사건은 자연 재해가 아닌, 인간의 잘못으로 인해 일어난 사건이라는 점에서 더욱 충격스럽습니다. 왜 이런 일이 일어났습니까? 물론 일단 확장해 놓고 보자는 업주의 무책임한 계획 때문일 수도 있습니다. 또 돈을 받고 무리한 건축 허가를 내준 공무원의 비리 때문일 수 있습니다. 하지만 가장 큰 이유는 붕괴되기 몇 시간 전, 균열 조짐이 나타났을 때에 '사람들을 피신시켜야 한다.'는 경고를 무시했기 때문입니다. 만약 그 경고를 심각하게 받아들였다면 참사는 방지되었을 것입니다. 경고는 실제 참상을 막으려는 데서 출발합니다. 성경은 우리에게 경고합니다. "한 번 죽는 것은 사람에게 정하여진 것이요 그 후에는 심판이 있으리니" 죽은 후에 우리를 심판하신다는 하나님의 무서운 경고입니다…. 삼풍사건보다 더 무서운 하나님의 심판의 경고입니다.(박영재 설교)

삼풍사건으로부터 여러 교훈들을 끄집어낼 수 있지만 가장 적절한 이유를 끄집어내거나 혹은 설교자가 강조하는 주제와 연계되는 내용을 끄집어낼 줄 알아야 한다. 이것이 예화 사용을 극대화할 수 있는 방법이다. 그리고 그 교훈을 설교자가 전달하고자 하는 본문의 주제와 자연스럽게 연결시켜야 한다. 즉 원리를 끄집어낼 때는 모두가 공감할 수 있는 원리를 선명하게 전개해야 한다.

분명한 목적(Clear Purpose)을 제시하라

선명한 삶의 목적을 제시함으로써 청중의 동의를 얻어낼 수 있다.

> 바울은 그의 친구들이 예루살렘에 올라가지 말 것을 권고합니다. 왜냐하면 박해로 인한 죽음의 위험이 도사리고 있었기 때문입니다. 그럼에도 불구하고 바울은 예루살렘에 갈 것을 결심합니다. 그러면서 말합니다. "나는 죽을 준비가 되었노라." 왜 그렇습니까? 왜 바울은 죽음의 위험에도 불구하고 예루살렘으로 올라갈 결심을 합니까? 다른 이유 때문이 아닙니다. 예수의 이름을 전파하고자 하는 분명한 목적 때문입니다. (하나님이 주신) 목적을 이루기 위해 목숨까지도 내놓습니다. 여러분들도 생명을 바칠 만한 삶의 목적이 있습니까? 죽음까지도 바칠 수 있는 하나님을 향한 삶의 분명한 목적이 있느냐는 말입니다. (박영재 설교)

사도행전 21장으로 설교자가 이렇게 논리를 이끌고 가면 이것 또한 청중의 가장 고귀한 목적에 자극을 주는 것이기에 받아들이게 된다. 명쾌한 삶의 비전을 제시해 줄 때 청중들의 마음은 움직인다.

존재(Existence)의 논리를 활용하라

존재를 확인시키는 작업을 함으로 청중이 선명하게 알아들을 수 있게 만든다.

샌프란시스코에 지진이 일어났다는 소식을 접하는 순간 나는 친구들 가운데 가장 불안했습니다. 지진의 강도가 심했기 때문이 아닙니다. 충격적인 뉴스였기 때문도 아닙니다. 내 가족이 바로 그곳에 있었기 때문입니다.

위의 예문과 "저는 저의 가족들이 샌프란시스코에 있었는데 지진이 일어났다는 얘길 듣고 매우 불안했습니다." 하는 말을 비교할 때 어느 것이 더 선명하겠는가?

예수께서 제자들에게, '너희 가운데 나를 오늘 저녁에 팔 자가 있느니라' 고 했을 때, 다른 제자들과 함께 예수를 쳐다보던 유다는 가슴이 쿵쿵 뛰기 시작했습니다. 예수의 말씀이 뜻밖이었기 때문이 아닙니다. 믿을 수 없는 놀라운 소식이었기 때문도 아닙니다. 바로 자신이 예수를 팔 당사자였기 때문입니다.

이러한 표현은 역시 청중의 마음을 끌어당기게 된다. 이 예들 속에서 설교자는 예상하지 않던 소식을 전하거나 새로운 개념 혹은 변하는 수준을 제시하기 때문이다.

본질을 활용하라

설교자가 "저는 이 아침에 매우 재미있는 그러나 여러분들이 결코 잊을 수 없는 이야기를 말씀드리고 싶습니다." 할 때 이런 도입은 이야기의 본질을 구체화시키는 작업이자 또한 청중들의 마음을 끌어당기게 한다.

또 설교자는 그의 청중이 성경의 권위를 인정한다고 예상한다. 그래서 설교자가 "성경은 말하길…."라고 한다면 그 설교의 내용에 권위를 갖게 된다. 판사는 법을 잘 안다고 인식되어 있고, 목사는 진리를 말하는 사람이라고 인식되어 있다. 이러한 인식들이 그들의 독특성을 나타낸다. 청중들이 그들의 독특성을 인식하고 있을 때 자연스럽게 그 권위를 인정하게 된다.

연결 고리를 통해 논리를 펼치라

청중들은 불일치를 싫어한다

왜냐하면 균형을 찾고 싶은 기본 욕구가 있기 때문에 그 욕구를 채울 수 있는 균형이나 일치를 원한다. 설교자가 "여러분 중 어떤 분은 세속적인 삶의 스타일, 즉 마약·섹스 등을 통해서 인생을 즐기고자 하면서 동시에 하나님으로부터 영생을 보장받고 싶은 분이 있을지 모릅니다. 그러나 세속적인 삶을 살면서 영적인 삶을 동시에 추구할 수는 없습니다." 하면, 설교자가 불일치를 지적한 것이고 청중들의 불일치로부터 벗어나고자 하는 기본 욕구를 만족시킨다.

이러한 불일치의 문제를 해결하기 위해서 설교자는 한쪽, 즉 영적 삶만을 강조해야 한다. "여러분 중에 어느 누구도 이 두 가지를 즐길 수는 없습니다. 영원한 생명을 원한다면 세속적인 삶을 버려야 합니다." 하면서 불일치로부터 일치를 추구하는 청중들의 심리에 호소할 때 동의를 얻어낼 수 있다.

정체성과 정의를 활용하라

"거짓 복음은 육신의 열매를 맺습니다. 하지만 참 복음은 성령의 열매를 맺습니다." 정의를 통해서 논리를 전개했다. 즉 참 복음과 거짓 복음의 차이점을 밝혀내고 참 복음을 따르도록 호소할 수 있다. 사도 바울도 정체성과 정의를 통해서 논리를 전개하곤 했다.

> 샤머니즘은 인간이 인간의 본질의 모습을 깨닫게 하지 않습니다. 단지 복을 비는 소원과 그 소원을 들어주는 존재로밖에는 생각지 않습니다. 하지만 기독교는 자신이 어떤 모습인지를 깨닫게 하고 참회하게 만듭니다. 그러므로 기독교는 사람을 사람답게 만드는 힘이 있습니다. 이것이 기독교와 샤머니즘의 차이점입니다. (박영재 설교)

이것은 또 샤머니즘과 기독교의 정체성을 설명함으로써 설교자의 주장을 선명하게 밝혔다.

상호 관련(reciprocity)을 활용하라

"만약 사도 바울이 세상에 복음을 증거하는 것을 부끄러워하지 않았다면, 영적 후손인 우리도 불신자들에게 복음을 증거하는 일을 부끄러워하지 않아야 합니다." 하면서 청중들의 마음을 끌어당길 수 있다. 또 "주님도 십자가를 지셔야 할 시간이 왔을 때, 믿음으로 지셨습니다. 우리가 그리스도를 따르는 제자라면 우리에게 놓인 이 고난의 십자가를 믿음으로 받아들입시다." 할 수 있다.

이것은 사도 바울의 전도에 관한 열정이나 그리스도가 십자가를 지신 사건을 우리 자신과 연결시켰는데 이때의 연결 고리는 우리도 그들, 즉 바울이나 예수님과 똑같은 신앙인이라는 것을 밝히는 것이었다.

변천(Transitiuity)을 활용하라

설교자가 부자들이 모인 기독 모임에서 "예수님은 가난한 자를 사랑하셨습니다. 우리는 예수님과 같아져야 합니다. 그러므로 우리도 가난한 자를 사랑해야 합니다." 하고 호소한다. 즉 예수님의 행위―예수님과 같아짐―그러므로 예수님의 행위인 가난한 자 돌봄 등으로 변천이 이루어졌다. 이것은 부자들에게 가난한 자를 보살피고 사랑해야 한다는 논리를 직접적으로 말하지 않고 예수님을 중간에 삽입시킨 것이다. 부자들에게도 그리스도의 말씀은 순종해야 할 권위 있는 말씀이기에 변천의 과정 속에서 주님을 삽입한 것이다. 결국 청중들의 마음을 단계적으로 옮긴 것이다.

전체를 부분으로 나누어 설명하라

즉 부분들을 열거함으로써 전체를 묘사하게 되고, 결국 전체의 모습을 부각시킴으로 청중의 마음을 사로잡을 수 있다.

예수님이 우리를 위해서 대신 형벌을 당하셨습니다. 십자가상에서, 창에 찔린 허리는 붉은 피와 물을 쏟아내고, 못에 깊이 박힌 손과 발목은 길게 찢겨지고, 가시 면류관을 쓴 머리는 피로 몸 전체를 뒤덮었습니다. 죄의 대가가 이처럼 처참합니다. 예수님이 당한 이

형벌은 바로 우리가 치러야 할 죄의 대가였습니다. (박영재 설교)

이것은 부분을 열거하면서 전체의 모습을 확인시키는 것이다. 결국 전체가 선명하게 묘사된다. 선명하게 묘사될 때 청중은 그것을 쉽게 받아들인다.

조그마한 행사나 사건을 큰 행사나 사건에 포함시킨다

그러므로 조그만 것이 더 의미 있는 존재요 사실임을 청중에게 일깨워주고 조그만 일에 성실히 행하도록 설득한다.

고등학교 선생님이 학생들에게 "여러분들이 교내의 휴지를 줍는 것은 학교를 청소하는 것만이 아닙니다. 그것은 지구의 한 모퉁이를 깨끗하게 만드는 행위입니다." 한다면, 학생의 자그만 행동이 큰 일(지구를 청소하는 일)에 포함되어 있음을 깨닫게 하고 이 일에 자부심과 긍지를 갖게 하며 성실히 임할 자세를 갖게 한다.

"만약 당신이 오늘 1,000원을 헌금한다면 그것은 바로 교회를 위해서 한 것입니다. 그것은 또한 하나님나라 확장을 위한 것입니다."라고 한다면, 청중이 부분적인 상황을 인식하는 데서 전체를 인식하게 한다. 전체에 대한 인식은 곧 부분적인 일의 중요성을 깨닫게 하는 것이기에 청중을 설득하기에 충분하다.

여러분이 여전도회에서 주관하는 이웃 사랑 실천 모임에 참가하는 것은 여전도회를 돕는 것만이 아닙니다. 그것은 이웃을 섬기라는 하나님의 말씀에 성실히 순종하는 것이며 이웃 사람이 주님께로 돌아오게 하는 전도에 참여하는 것이기도 한 것입니다. (박영재 설교)

이 또한 부분이 전체에 포함되어 있다는 사실을 인식시키고 있다. 결국 부분에 대한 중요성을 깨닫게 하고 부분적인 일에 성실히 임하게 한다.

비교 설명하라

비교 설명은 설교자가 효과적으로 사용할 수 있는 논리이다. 아리스토텔레스도 이것을 강조하였다.

설교자는 "예수님의 피보다 더 중요한 피가 있을까? 예수님의 피보다 더 고귀한 피가 있을까?" 함으로써 최상급의 표현을 할 수 있다. 결국 최상급의 비교는 청중의 마음에 자극을 일으킨다.

> 사울은 처음엔 겸손했기에 하나님으로부터 쓰임받았지만 후에 교만해져서 버림받은 사람이 되었습니다. 하지만 모세나 바울은 끝까지 겸손한 마음을 지녔고 그 결과 평생을 귀하게 쓰임받았습니다. 저와 여러분은 누구처럼 살아야겠습니까? 모세나 바울과 같이 겸손한 사람이 되어야 하는 것 아닙니까? (박영재 설교)

모세나 바울의 얘기를 일방적으로 설명하지 않고 다른 사람과 비교함으로써 설명하였다. 이런 비교 설명은 결국 모세나 바울의 모습을 더 귀하게 만들었다. 결국 이것은 설교자의 의도를 더 선명하게 한다.

> 우리나라의 물건 생산 단가 중 물류비가 20%를 차지합니다. 미국과 같은 선진국은 겨우 10% 정도입니다. 그러고 보면 우리나라의 물류비는 매우 높습니다. 결국 가격면에서 선진국과 경쟁할 수 없을 지경에 이른 것입니다.

외국과 비교할 때 우리나라의 물류비가 비싼 것임을 알게 했다. 비교는 선명한 전달을 만든다.

> 하나님은 인간을 왜 창조하셨습니까? 혹자는 심심해서 창조했다고 말하기도 합니다만 그것이 아닙니다. 인간이 풍요로운 삶을 누리고 하나님의 영광을 나타내게 하려고 창조하셨습니다. (김진홍)

불필요한 말 같지만 비교할 수 있는 기회를 제공함으로써 하나님이 인간을 창조한 행위가 가치 있는 것임을 드러낸 것이다. 비교 설명은 역시 전달에 있어서 선명한 역할을 한다.

희생의 메시지는 청중들로부터 최상의 동의를 얻어낸다

"예수님은 그의 생명을 우릴 위해 아낌없이 주셨습니다. 우리가 무엇인들 그에게 줄 수 없겠습니까?" 한다면 어떨까? 우리가 예수님의 말씀을 따르고 그분을 존경하려는 믿음을 갖는 것은 십자가 위에서 나 같은 죄인을 위해서 피 한 방울까지 다 쏟으시며 돌아가신 희생의 모습 때문일 것이다. 얼마나 많은 그리스도인들이 이 사실에 울고 삶을 회개하며 주님품으로 돌아오는가?

청중은 최상의 희생에 최고의 가치를 둔다. 그리고 그 희생에 쉽게 감동하며 그 희생의 주인공을 진심으로 존경한다. 왜냐하면 자신이 할 수 없는 것을 행한 사람에 대해 대리만족을 얻고자 하기 때문이다.

만약 먹을 음식을 구하기 힘들고 열병이 우글거리는 선교 오지에서 선교사가 복음을 전파하다가 원주민에게 처참히 학살되었다고 하는 사실을 듣는다면, 청중들은 얼마나 충격적일까? 죽음의 위험성을 알면서 선교사가, "난 원주민에게 전도하다가 이곳에서 죽겠습니다."라는 비장한 결심을 했고 또 그렇게 죽었다면 그 선교사는 얼마나 존경을 받을까? 청중은 그분의 높은 희생 정신 앞에 겸손해질 것이다. 왜냐하면 그 희생의 가치가 너무도 고귀하게 느껴지기 때문이다.

담임목사가 성도들로부터 "우리 목사님의 삶은 우리가 도저히 따라갈 수 없는 희생적인 삶을 사셔." 하는 말을 들으며 목회한다면, 그 목사의 설교는 청중들에게 대단한 권위를 가지게 된다. 희생적인 삶을 통해서 청중들에게 충분한 권위를 얻었고 그 상태에서 청중들은 목사가 무슨 말을 해도 다 들으려고 마음을 열기 때문이다.

손양원 목사님이 만약 우리 앞에서 사랑에 대해서 설교한다면 우린 감동적인 자세로 받아들일 것이다. 그는 남이 할 수 없는 사랑을 실천한 목사이기 때문이다. 청중이 행할 수 없거나 모방할 수 없는 희생적인 신앙을 지닌 설교자가 있다면 그 설교자는 이미 성공적으로 청중을 설득한 것이다.

개연성(Probability)을 활용하라

설교자가 "사람들은 우리를 그리스도인이라고 부릅니다. 이 뜻은 우리가 그리스도를 따르는 사람이요 그를 사랑하는 사람들이란 뜻입니다." 한다면 이것은 개연성을 나타낸 것으로 청중들을 설득한다. 앞 문장은 전제를 말했고 뒷 문장은 전제된 문장을 연결시키는 개연성을 활용한 것이다.

모범(Example)을 활용하라

모범들을 여러 번 열거함으로써 그것을 사실화시켜 확신을 준다.

성경은 우리의 기도는 이루어진다고 가르칩니다. 예수께서 5,000명을 위해 음식을 공급해 달라고 하나님께 간구했을 때 하나님은 그들에게 음식을 공급하셨습니다. 히스기야가 그의 삶을 연장시켜 달라고 기도했을 때 하나님은 그에게 15년간을 연장시켜 주셨습니다. 암으로 거의 죽어가던 저의 친구 어머니께서 하나님께 절실히 간구했는데 그 후 깨끗이 나았음을 병원에서 확인했으며 5년이 지난 지금도 건강합니다. 우리의 하나님은 살아 계십니다. 저와 여러분의 기도 제목에 지금도 응답하시는 것입니다. 그러므로 여러분의 삶의 문제를 놓고 하나님으로부터 응답받을 때까지 기도하는 것을 포기하지 않기를 바랍니다. (박영재 설교)

이러한 예들은 특별한 경우들(병나음)을 연속적으로 열거함으로써 일반화시킨 것이다. 일반화되어 가는 과정 속에서 청중들은 그것을 사실로서 받아들이게 된다. 이러한 모범들은 기독교의 믿음을 확인하고자 할 때, 혹은 성도에게 확신을 주고자 할 때 효과적이다. 결국 청중들에게 사실을 인식시켜서 설득하는 것이다.

하나님이 쓰시는 사람은 자신의 능력을 의지하는 거만한 사람이 아닙니다. 하나님의 도우심 없이는 아무것도 할 수 없다고 고백하는 겸손한 사람입니다. 모세가 하나님으로부터 민족을 구원할 지도자로서 부름을 받았지만 자신은 말이 어눌한 사람이라고 고백했습니다. 자랑할 만한 왕족 신분보다도 자신의 부족함을 조심스럽게 드러냈습니다. 자신의 부족함과 연약함을 의식하고 있었던 것입니다. 이러한 모세를 하나님은 아론을 통해 그 모자람을 채우시며 사용하셨습니다. 바울이 평생 동안 하나님께 쓰임받을 수 있었던 것은 훌륭한 학식이나 가문보다도 자신은 하나님 앞에서 죄인 중에 괴수라고 하는, 하나님의 도우심이 없이는 구원받을 수도, 쓰임받을 수도 없는 죄인된 존재임을 한시도 잊지 않았기 때문입니다.

포도나무 가지가 줄기로부터 떨어져나갈 때 살 수 없음같이 하나님을 떠나서는 아무것도 할 수 없는 존재임을 인식하고 살아가는 사람을 하나님은 끝까지 붙드시고 사용하시는 것입니다. 이 세상에는 사울처럼 겸손으로 시작하여 쓰임받다가 후에 교만해져서 버림받은 사람도 있습니다만 모세나 바울같이 겸손하여 평생을 가치 있게 쓰임받는 사람도 있습니다. 어떻습니까, 여러분! 여러분에게도 평생을 쓰임받을 만한 이런 겸손이 있습니까? (박영재 설교)

위의 예에서도 모세나 바울의 경우를 모범적인 예로 들었다. 두 모범의 가치가 더욱 드러나게 하기 위해서 반대 급부의 이야기(사울)도 했다. 사울의 이야기와 더불어 두 모범적인 인물들의 이야기는 청중을 설득하기에 충분하다.

예화(Illustration)를 활용하라

모범이 원리를 찾아내어 청중에게 주입시키기 위한 것이라면 예화는 이미 받아들여진 진리를 더 확고하게 하기 위한 것이다. 성경의 본문으로부터 원리를 찾아내고서 그것을 확인하는 작업을 위해 청중의 삶에 적용될 만한 예를 찾는다.

방울뱀은 미대륙에 서식하고 있는 독사입니다. 방울뱀은 꼬리에

붙은 방울을 흔들어서 소리를 내는데, 어떤 종류에게는 엄청나게 강한 독성이 있습니다. 방울뱀들은 저희들끼리 자주 싸웁니다. 그런데 이들에게는 자기들의 독에 대한 면역 능력이 없습니다. 즉 방울뱀끼리 싸우다가 다른 방울뱀에게 물리면 그 독 때문에 죽는다는 것입니다. 그런데 놀라운 일이 벌어집니다. 그렇게 격렬하게 싸우면서도 독이 나오는 이빨로는 절대 물지 않는다는 것입니다. 물기만 하면 상대방이 죽어버리는 것을 알지만, 결코 서로를 물지 않는다는 것입니다.

그리스도의 사랑을 노래하면서 분노의 독으로 끝내 형제를 죽이려는 사람들이 오늘날 교회 안에 있다면 이 저자의 말이 지나친 독선입니까? 이런 독사만도 못한 인간은 없어야 할 것입니다. (윤영준)

이것은 동물의 삶을 그리면서 청중이 적용해야 할 내용을 끄집어냈다. 예화에서 적용할 요점을 끄집어내고 적용 부분을 강화시키면 자연스럽고 힘있는 내용이 주어진다. 예화는 실로 엄청난 힘이 있다. 어떤 설교자는 예화를 설교에 사용하지 말아야 한다고 주장하기도 하는데 이것은 큰 오해이다. 예화는 설교자의 의도나 설교 주제를 선명하게 전달해 주는 창문과 같고, 이미 경험된 사실을 밝힘으로써 청중들이 닮아가고 싶은 대상이 되게 한다.

단절을 통한 논리(Dissociation)를 활용하라

논리에 있어서 갈등이 있거나 양립될 수 없는 모순이 있을 경우에는 이를 도려냄으로써 설교자의 논리를 선명하게 전개해 나간다.

"이 성전을 헐라. 내가 3일 만에 회복시키리라."는 말씀을 사람들은 예루살렘 성전을 가리키는 것으로 이해하였습니다. 여러분 중에 몇 분은 그렇게 이해할 수도 있겠습니다. 하지만 본문의 나레이터는 예수님의 몸을 가리킨 것이며 그분의 부활을 의미했습니다. 그러므로 혼돈이 없길 바랍니다.

여기서 설교자는 성전의 개념을 그리스도의 부활의 실체로부터 단절시킨다.

복음을 설명하다가 과학적으로 입증이 되질 않거나 과학과 모순될 때 설교자는 그것들을 종교성과 단절시킴으로써 복잡성을 명쾌하게 만든다.

"본문은 과학적인 입증을 위해서 설명하고 있는 내용이 아닙니다. 종교적인 입장에서 하나님의 의도를 밝히고 있습니다. 과학적인 차원에서 이해하려 하면 이해가 가지 않거나 모순처럼 느껴질 수 있습니다. 그러므로 이 본문을 종교적인 관점에서 이해해야 할 것입니다. 그래야 저자의 의도를 제대로 간파할 수 있습니다."라고 한다면 설교자의 성명(statement)은 더욱 선명해진다.

마지막으로 감리교 설교자의 설교를 예로 들어보자.

장로교는 인간의 예정론을 강조합니다. 만약 그것이 사실이라면 우리가 왜 잃어버린 영혼에게 전도하며, 설교 후 사람들에게 결단을 요구합니까? 로마서 10장 13절에 주의 이름을 부르는 자는 누구든지 구원받을 것이라는 말씀을 장로교인들은 어떻게 설명합니까? 그들의 견해로라면 말이 되질 않습니다. 저는 사람들이 하나님께로 오는 것을 아무도 거절하지 않는다고 믿습니다.

이렇게 말하면 장로교의 주장을 자신의 신학적인 설명으로 제거함으로써 논리에 설득을 더해가고 있다. 이와는 반대로 장로교 설교자도 아래와 같이 말할 수 있다.

> 우리의 구원은 하나님의 전적인 주권에 달려 있습니다. 그가 우리에게 먼저 구원의 은총을 베풀지 않았더라면 우리가 어떻게 구원의 길을 알 수 있었겠습니까? 그분이 먼저 우리를 사랑치 않으셨다면 어떻게 우리가 그를 사랑할 수 있었으며 그가 우릴 먼저 부르시지 않았더라면 어떻게 우리가 그에게 다가갈 수 있겠습니까? 우리의 구원은 절대적으로 하나님의 주권에 달려 있습니다. 이런 맥락에서 우리의 구원은 우리의 의지에 달렸다는 것은 모순입니다.

불합리성을 분리해 내는 작업을 통해서 청중들에게 합리성을 제시한다. 합리성에 다다를 때 청중은 마음이 편안해진다. 그러므로 불합리한 점들을 제거하며 설명하라.

나타남(Presence)을 사용하라[8]

청중의 의식 세계를 사로잡으라. 설교자가 설명하고자 하는 부분에 청중이 주의를 집중하게 만들라. 그러면 청중은 설교자가 설명하고자 하는 부분에 관심을 갖고 귀를 기울인다. 이를 위해서 설교자는 설명해야 할 부분을 자세하고 구체적으로 설명한다. 자세하고 구체적으로 설명하기 위해서 설교자는 과장하여 설명해야 한다고 펄만은 강조한다.

반면에 불필요한 부분을 가능한 한 생략하거나 간략하게 설명한다. 불필요한 부분을 자세히 설명할 필요가 없다. 설교자가 강조하는 부분이 희석될 수 있기 때문이다. 그러므로 청중의 의식을 사로잡으려면 설교자가 강조하고자 하는 부분을 과장하여 설명하고 불필요한 부분은 축소하여 설명하든지 아니면 생략해야 한다.

위의 이론으로 성경 본문을 설명해 보자. 사마리아 인의 비유를 설명할 때 설교자가 선한 사마리아 인의 행위에 대해서 초점을 맞추고 싶다면, 설교자는 그의 행위에 대해서 집중적으로 설명한다. 그의 행위, 즉 선한 행동에 대해서 가능한 상세히 설명한다. 동시에 다른 사람들의 행위, 즉 레위 인 등의 행위는 가급적 언급하지 않거나 간략히 설명한다. 물론 사마리아 인의 행위의 고귀함을 더 크게 부각시키기 위해서 레위 인 등 다른 사람들의 행위는 보조 차원에서 언급할 수는 있다. 하지만 필요 이상으로 레위 인 등 다른 사람의 행위에 대해서는 언급할 필요가 없다.

왜냐하면 설교의 핵심인 사마리아 인의 행위를 가장 가치 있는 행위의 본질로 나타내는 데에 도움이 안 되기 때문이다. 단지 사마리아 인의 행위만을 집중적으로, 혹은 구체적으로 설명해야 한다. 이를 위해서 설교자는 그의 행동을 상세히 묘사하되 이를 위해서 상상력까지 동원한다. 동시에 다른 사람들의 행위는 가능한 한 청중들의 의식 세계에 남지 않도록 적게 설명하거나 아예 설명을 줄인다. 결국 주제에 관련된 것은 과장이다 싶을 만큼 상세히 언급하고 주제에 관련되지 않은 것들은 가급적 삼간다.

예화 사용도 마찬가지다. 요셉의 삶을 예화로 사용할 때 흔히 요셉의 인생은 여러 주제로 쓰일 수 있다. '고통 속의 인내'를 주제로 설교할 때 요셉의 생애를 예화로 사용한다면, 요셉의 생애에 관련된 이야기들, 예를 들면 '축복', '견고한 신앙', '꿈의 성취' 등에 관련된 이야기는 하지 말아야 한다. 왜냐하면 주제에 관련된 내용이 아니기 때문이다. 또 주제에 관련된 내용에만 청중들을 집중시키기 위함이다. 그러므로 설교자는 예화 속에서 주제에 관련된 것들만 뽑아내어 설명할 수 있는 역량을 키우라.

설교자가 "신자가 주님의 인도를 거부하면 삶의 길을 잃고 상처를 얻을 수 있다."는 내용을 밝히고자 예화를 설명한다고 하자. 어느 것이 더 효과적인가 대조해 보라.

고등부 때 함께 신앙생활을 했던 여학생이 있었습니다. 똑똑하고 예쁘고 성격도 쾌활해서 사람들이 좋아했고 신앙생활도 얼마나 열심히 하는지 칭찬이 자자했습니다. 고등학교를 졸업하자 직장 때문에 서울로 떠났습니다. 2년 여가 지난 어느 주일 밤이었습니다. 예배를 마치고 목사님과 인사를 나누면서 1층 계단으로 막 내려오고 있는데 한 중등부 학생이 제게 다가와 누가 저를 찾는다는 이야길 했습니다.

누굴까! 궁금히 여기면서 쏜살같이 뛰어 교회 문 밖에 나가 보니 다름아닌 바로 그 자매였습니다. 남루한 옷에 구두가 아닌 실내화를 신고 있었고 불안하고 어두운 얼굴이 매우 초라하기 그지없었습니다. 저는 깜짝 놀랐습니다. 어떻게 이럴 수가 있는가! 저는 내색을 하지 못하고 얘기 좀 하자길래 따라나섰습니다. 한 여름인지라 다리 위에 서서 늦게까지 이 얘기 저 얘기 많은 말을 했습니다. 그러더니 점점 자신의 한탄스런 이야기를 하기 시작했습니다.

마침내 그 자매는 밝히기 어려운 것까지 털어놨습니다. 한마디로 서울로 올라간 후 신앙생활을 멀리하게 되었고, 직장 동료들과 어울리다 보니 죄에 발을 들여놓게 되었고 몸과 마음이 상처를 입었다고 했습니다. 저는 그 순간 생각나는 구절이 있었습니다. "우리는 다 양 같아서 각기 제길로 갔거늘" 여러분! 사람이 주님의 인도를 외면하거나 거절하면 길을 잃습니다. 상처를 받습니다…

필자는 불필요한 문장들을 삽입했다. 그래서 문장이 길어졌고 주의가 산만해졌다. '나타남'을 사용한 아래 문장과 비교해 보자.

고등부 때 함께 신앙생활을 했던 여학생이 있었습니다. 똑똑하고 예쁘고 성격도 쾌활해서 사람들이 좋아했고 신앙생활도 얼마나 열심히 하는지 칭찬이 자자했습니다. 고등학교를 졸업하자 직장 때문에 서울로 떠났습니다. 한동안 소식이 없었는데 2년 여가 지난 어느 주일 밤 예배를 마치자마자 누가 저를 찾는다는 이야길 듣고 교회 문 밖에 나가 보니 다름아닌 바로 그 자매였습니다. 남루한 옷에 구두가 아닌 실내화를 신고 있었고 불안하고 어두운 얼굴이 매우 초라했습니다.
저는 깜짝 놀랐습니다. 어떻게 이럴 수가! 한여름인지라 다리에서 늦게까지 이야길 했는데 그 자매는 밝힐 수 없는 것까지 털어놨습니다. 한마디로 서울로 올라간 후 신앙생활을 멀리하게 되었고, 직장 동료들과 어울리다 보니 죄에 발을 들여놓게 되었다고 했습니다. 그녀의 떨리는 마지막 음성이 아직도 생생합니다. "이제는 몸도 마음도 상처뿐, 앞으로 어떻게 살아야 할지 막막해요…" 이 말을 듣는 순간, 저는 "우리는 다 양 같아서 각기 제길로 갔거늘" 하는 말씀이 생각났습니다.
여러분! 사람이 주님의 인도를 외면하거나 거절하면 길을 잃습니다. 상처를 입습니다… (박영재 설교)

어느 문장이 더 바람직하다고 생각하는가. 후자가 아닌가? 그 이유는 무엇일까? 전하고자 하는 핵심에 대해서는 자세히 묘사하되 핵심과 관련되지 않은 것은 가급적 삭제를 했다. 다시 말해서 핵심 내용은 과장해서 말할 만큼 상세히 말하고 불필요한 부분은 축소시킨다. 여기서 불필요한 부분이란 "…예배를 마치고 목사님과 인사를 나누면서 1층 계단으로 막 내려오고 있는데 한 중등부 학생이 제게 다가와 누가 저를 찾는다는 이야길 했습니다. 누굴까! 궁금히 여기면서 손살같이 뛰어 교회 문 밖에 나가 보니…"이다. 이 부분은 시간만 낭비하지 예화 내용에 없애야 할 부분이다. 불필요한 부분들을 없애는 능력, 꼭 필요한 부분만 언급할 줄 아는 능력이 설교자에게 필요하다.

또 후자는 주제에 관련된 내용을 상세히 설명함으로써 이야기의 내용을 더 인상적으로, 사실적으로 묘사했다. 그녀의 떨리는 마지막 음성 "이제는 … 막막해요."는 가장 중요한 부분을 상세히 언급함으로써 효과를 극대화했다. 이것은 수사학의 '나타냄'의 기술이다. 결국 설교의 주제, 즉 통일성을 이루는 데 도움을 준다.

'나타냄'의 천재인 스윈들(Chuck Swindle)의 예를 통해 그가 확대와 축소를 얼마나 지혜롭게 사용하는지 살펴보자.

> 저와 제 아내가 1960년대에 달라스 신학교에 되돌아가서 공부할 때, 우리는 쥐들이 들락거리는 낡은 부부기숙사에서 살았지만 행복했습니다. 무더운 텍사스의 여름은 아파트 안까지 푹푹 찌게 만들었습니다. 그곳은 마치 사막과 같았습니다. 상상해 보세요. 텍사스의 찌는 여름을. 가을이 되자 우리 부부는 에어컨을 달라고 하나님께 기도하기 시작했습니다. 12월이 가고 1월과 2월이 지나기까지 우리는 아무에게도 얘기하지 않은 채 단지 기도만 했습니다.
>
> 그러던 봄 우리는 아내의 부모가 사는 휴스턴에 잠시 들렀는데 이튿날 아침 전화 벨이 울렸습니다. 우리는 우리가 그곳에 온다는 것을

아무에게도 알리지 않았는데 몇 달 전에 얘기를 나눴던 리처드라는 친구가 전화를 했습니다. "잘 있었나 자네?" 하고 묻자, 그는 "잘 있지. 그런데 자네 에어컨 필요하지 않나?" 하고 물었습니다. 저는 전화기를 떨어뜨릴 뻔했습니다. 마음을 가다듬고, "응, 필요하지." 하고 대답했더니, "우리집에 중앙 냉방 장치를 했더니 작은 에어컨은 필요 없게 됐네. 원한다면 자네 차 안에 넣고 가게나. 갖다 주겠네." 하고 말했습니다.

저는 즉각, "그래, 당장 가져오게." 하고 대답했습니다. 기도가 응답되는 순간이었습니다. 그 여름에 우리 작은 아파트는 추울 지경이었습니다. (척 스윈들)

스윈들은 고도의 '나타남'과 '축소'의 기술을 사용하고 있다. 주제에 관련해서, 즉 "하나님이 기도에 응답하셨다."는 주제에 대해서 스윈들은 상세히 설명한다. 하지만 그 이외의 불필요한 부분은

생략하거나 축소하여 설명했다. 그가 무엇을 말하려고 하는지 모든 청중은 선명하게 이해할 것이다.

영적 연합(일체감)을 활용하라

설교자가 어린이들에게 설교할 때 그는 어린아이들이 사용하는 단어, 그들이 쉽게 이해할 수 있는 개념 등을 사용해야 한다. 장례식에서, 성숙한 그리스도인들이 모인 곳에서 그리고 초신자들이 모인 곳에서 청중들과 동화될 수 있고 일체감을 이룰 수 있는 설교자가 되어야 한다. 가령, 불신자들이 모인 곳에서 설교자는 '거룩한 체하는 통념적인 목사의 모습 대신' 그들과 어울릴 수 있는 평범한 사람의 모습을 지녀야 한다. 그러면서도 목사로서의 매력을 잃지 말아야 한다.

6

선한 의지를 자극하라

Good-will Speech

"후퇴하면 총살이다!" 와
"조국은 여러분의 죽음을 영원히
기억할 것이다!" 의
차이만 알면 당신의 설교도
적극적, 긍정적인 내용으로 바뀔 수 있다.
상처받은 회중을 위한 언어치료.

Good-will Speech

적극 긍정적 언어를 활용하라

사람은 본래 양면성을 지니고 있다. 아무리 악한 사람이라도 선을 지니고 있으며, 선을 행하고자 하는 마음이 있는 것이다. 'Good-will Speech'란 청중의 마음속에 있는 선한 마음을 불러일으키어 행동으로 옮기게 하는 전략을 말한다.[1]

예를 들면 깡패도 병든 어머니에게 약값을 보태고 싶은 효성이 있다. 또 호랑이 상관도 잘못한 부하에게 자비를 베풀 수 있다. 경관이 교통 법규를 어긴 사람을 용서할 수도 있다. 짠돌이 성도가 거액의 헌금을 교회에 기부할 수 있다. 허약한 신병이 용기 백배하여 빗발치는 총탄 속으로 돌진할 수 있다.

사람에게 왜 이런 이중적인 마음이 있는가? 기독교 상담학자 크랩(Crabb)은 인간의 기본 욕구를 요약해서 설명하기를 하나님은 인간에게 안전함에 대한 욕구(need for security)와 의미를 찾는 욕구(need for significance)를 주셨다고 한다. 크랩은 인간의 기본 욕구를 관계에 대한 갈증 욕구(longings for relationship)와 영향을 미치고 싶은 갈망(longings for impact)이라는 말로 표현하고 있다. 그의 말을 들어보자.

> 우리는 개인적 만족을 위해 갈증을 느끼는 인격적 존재이다. 우리 영혼은 사랑하는 관계와 의미 있고 보람 있는 영향력을 행사하기를 갈급해 하고 있다. "관계를 맺고 싶어하고 영향을 미치기 원하는 것은 인간의 합당한 갈증"이다. 그리스도인은 하나님께 순종하기를 갈망한다. 순종이 친밀한 관계를 위한 조건이기 때문이다. 우리는 남에게 봉사하고 이웃을 섬기기를 갈망한다. 우리는 남의 삶에 나를 투자할 때 보람과 흐뭇함을 느낀다. 봉사와 사역은 영향을 미치고 싶은 우리의 갈증을 채워준다.[2]

아무리 악한 일을 하는 사람일지라도 남에게 선을 베풀고 남을 섬기고자 하는 마음이 있다. 또 하나님께 순종하고자 하는 기본 욕구가 있다.[3] 그러므로 이런 전제 위에 설교자는 사람들의 선한 의지, 즉 하나님께 순종하고자 하는 그 욕구를 자극하여 실행에 옮기게 해야 한다.

어떻게 사람들이 선한 마음을 갖게 되는가? 그들의 마음에 선을 추구하도록 동기를 부여하거나 그 선한 의지에 자극을 주면 선한 마음이 발동한다. 그러면 어떻게 선한 마음을 갖도록 자극할 수 있을까?

첫째, 한마디로 상대를 믿어주는 것이다. 상대를 선한 사람으로 인정해 주는 것이다. 그러면 사람은 자신의 마음을 선한 쪽으로 행동한다.

허약한 신병에게 상관이 "여러분의 전진은 우리 강토를 지키고 우리 민족을 살리는 행위입니다. 우리가 비록 죽는다 할지라도 그 죽음은 후손들에게 영원히 빛날 것입니다. 여러분 이제 영광스런 죽음을 향해 돌진합시다." 했을 때 이 말은 전투 요원들의 대다수에게 비장한 각오를 하게 만드는 결정적인 계기가 된다. 즉 이 제안은 "상관의 명령이다. 돌진하라. 만약 도망가면 가만두지 않겠다." 하는 말보다도 더 효력이 있다.

왜 그럴까? 전자가 사병의 선한 의지를 자극한 반면 후자는 사병을 비겁하거나 겁쟁이로 취급했고 이런 취급은 그들을 불쾌하게 만들었다. 그들 속에 있는 선한 의지가 발동하도록 자극을 준 것이 아니었다. 이러한 언어는 그들에게 불쾌감을 주거나 반감을 사게 만드는 요인으로 작용한다.

또 다른 예를 보자. 엄마가 외출하면서 중학생 자녀들에게 "너희들 엄마 없는 동안 공부 열심히 해야 돼. 돌아와서 공부 열심히 했는지 할머니한테 확인할 거야. 만약 할머니가 너희들이 공부 열심

히 안 했다고 하시면, 너희들은 혼날 줄 알아." 하는 것과 "얘들아 엄마가 없더라도 잘할 수 있겠지? 지난번에도 참 잘했더라. 난 너희들이 참 자랑스러워." 하는 것 중 어느 것이 아이들의 마음을 다치지 않고 엄마가 원하는 목적을 성취하는 데 더 효과적일까?

전자의 경우는 엄마가 아이들을 불쾌하게 만든 반면, 후자는 아이들로 하여금, "엄마는 우리를 좋은 학생이요 자녀들로 생각한다." 하는 느낌을 갖게 한다. 자녀들은 그러한 엄마의 기대 심리에 부응하는 행동을 하고 싶은 자극을 받는다. 결국 엄마의 말은 자녀들의 선한 의지에 자극을 주는 것이며 선한 사람이 되고 싶게 만드는 것이다. 꾸지람보다는 칭찬이 교육에 더 효과적이란 말을 실감하게 한다.

설교자가 십일조 헌금을 내게 하려고 성도들에게 이렇게 말할 수 있다. "성도 여러분이 하나님께 십일조를 하면 하나님이 축복하십니다. 축복을 받으려면 십일조를 빠지지 않고 하십시오…." 이 말은 결국 복받기 위해서 십일조를 하도록 유도하는 것이다. 이것은 청중의 선한 의지를 전혀 자극하지 못한다. 복받기 위해서 십일조를 강조하는 자신들의 이기적인 태도가, 비록 복받는 것이 사실이라 할지라도, 꺼림칙하게 느껴질 수 있으며 이러한 느낌은 시큰둥한 반응으로 연결될 수 있다.

또 어떤 설교자는 이렇게도 말한다. "십일조도 안 하면서 진정한 일꾼이라고 할 수 있습니까? 진정한 집사라면 온전한 십일조를 하십시오. 온전한 순종의 모습만이 집사의 직분을 감당할 수 있습니다." 이것은 십일조 하지 않는 집사를 향한 화가 난 발언이다. 하지만 이것은 오히려 그들이 십일조를 더 안 하게 만들 수 있다. 왜냐하면 집사들을 불성실한 일꾼들로 규정했기 때문이다. 'Good-will speech'의 목적과는 반대 방향이다. 이렇게 하면 어떨까?

여러분, 우리가 신앙생활을 하되, 이왕이면 하나님을 기쁘시게 하는 신자가 됩시다. 구원받고 풍요로운 삶을 누리는 우리는 받은 은혜에 감사해서 십일조를 하나님께 드릴 때 하나님은 기뻐하십니다. 자식이 자기를 키워준 부모에게 감사하다고 말만 하는 것보다 수입의 일부분을 정규적으로 드릴 때 부모는 더 기뻐하는 법입니다. 우리가 주님을 사랑한다고 하면서 동시에 그 사랑을 십일조를 드림으로 표현한다면 하나님은 그러한 행위를 보고 더욱 기뻐하실 것입니다. 성도 여러분 주님을 기쁘시게 해드리는 신자가 됩시다.

위와 같이 한다면 이것은 청중의 선한 의지를 한껏 자극하는 것이 된다. 하나님을 기쁘시게 하는 삶을 사는 신자가 된다는 자부심을 느끼기 때문이다. 이러한 언급은 가난하거나 일시적으로 경제적인 고통을 받는 십일조 신자에게 자부심을 더 갖게 만든다. 왜냐하면 자신들이 십일조를 하기 어려운데도 하나님을 기쁘게 하는 위치에 있다는 자신들의 모습이 대견스럽기 때문이다.

둘째로, 진실한 모습을 보일 때 상대에게 선한 마음을 갖게 한다.

'Good-will sppech'는 화자나 연설자의 진실이 전달될 때 효력을 더욱 발휘하게 된다. 그렇다고 해서 진실한 척하는 전략을 내세워 연설이나 대화에 효력을 발휘하게 해서는 안 된다. 즉 화자나 연설자의 전략이나 의도가 노출되어서는 안 된다. 상대를 속이려

하거나 단지 이용하려는 마음으로 'Good-will speech'를 사용하면 상대방은 오히려 반감을 표시할 수 있다.

그러므로 'Good-will speech'는 '정직이 최선'이라는 원리에 기초한다. 화자 자체가 신실해야 함이 전제 조건임을 강조한다. 얼마 전, 첫째 아들이 필자가 소중히 여기던 물건을 깨뜨렸다고 고백했다. 모른 체하거나 깨뜨린 흔적을 없애므로 해서 위기를 벗어날 수 있었음에도 불구하고 벌받을 각오를 하면서 고백을 했다. 필자는 매대신 칭찬을 했다. 솔직함, 즉 정직에 대한 칭찬을 말이다. 무엇이 필자로 하여금 분노대신 사랑과 관용의 마음을 갖게 한 것일까? 아들의 모습 속에서 정직함을 보았기 때문이다. 상대의 진실을 발견할 때, 정직을 볼 때, 사람의 마음은 선한 쪽(자비, 관용, 용서 등)으로 움직이게 된다.

한 가지 더 예를 들어보자. 작년(1996)에 과속으로 필자가 경찰에게 걸린 적이 있었다. 미국 운전면허증밖에 없었던 필자의 죄목은 무면허에다 과속이었다. 경찰이 심각한 어조로 유치장에 갈 죄목이라고 말했다. 자기 차를 타고 유치장에 가자고 했다. 아찔했다. 경찰차에 올라탄 필자는, 돈을 기대하던 눈치를 보였던 경찰에게 "내가 잘못한 것이 있으니 벌을 달게 받겠다."고 했다. 필자는 한걸음 더 나아가 겸손하고 부드럽게 "저는 목사입니다. 법대로 달게 받겠으니 유치장에 가십시다." 하고 말했다. 당황한 경찰은 갑자기 마음을 바꾸어서 필자를 그냥 보내주면서 "잘못을 솔직히 시인하는 분을 그냥 보내드리고 싶습니다." 하였다. 필자가 자신의 잘못을 순순히 고백하며 벌을 달게 받겠다는 자세가 경찰의 마음을 감동시켰던 것이다. 진실은 역시 힘이 있다. 정직은 상대방을 감동시킨다.

　사도 바울은 갈라디아 성도들을 움직이기 위한 여러 방법의 하나로 자신의 부끄러운 과거, 즉 '청년 시절 주님의 마음을 아프게 했던 자신'을 고백했다. 이것이 오히려 갈라디아 성도들에게 '신실한 목회자상'으로 비쳐지고 결국 유대주의자들을 따르던 갈라디아 성도들이 바울을 따르게 하는 계기가 되었던 것이다. 오늘날 설교자가 강단에서 자신의 부족함을 드러내는 발언을 한다면, 그것은 부끄러운 것이 아니라 오히려 신실한 목회자상이 된다. 그것은 곧 성도를 믿게 하는 힘이 될 수 있다.(그러나 자신의 취약점을 보임으로 해서 더 큰 타격을 입을 내용에 관해서는 주의해야 한다.)

　그러므로 설교자는 항상 정직과 신실함으로 성도와의 관계 속에서 승부를 보려고 해야 한다.

　결국 설교자는 성도를 향해 정직함을 지녀야 그들이 설교자를 믿고 따르게 된다. 그리고 설교자가 성도들을 또한 믿어주고 인정해 줄 때 성도들이 자신들의 마음을 선한 쪽으로 열게 된다는 것을 기억해야 한다.

7

논리에 화법을 덧입히라

과장법, 동의반복, 증폭,

부정문, 최상급, 수사의문문,

은유, 직유, 대위법.

알고 보면 학창시절 국어교과서가

전달되는 설교를 위한

수사학 교과서이다.

주저말고 배워보자.

Narration

생생한 화법을 사용하라

과장법을 사용하라

과장법은 사실보다도 과장하여 말하면서 그 의미를 선명하게 전달하는 표현이다.

"예수님의 생명의 피는 검붉은 내 죄를 하얗게 씻으셨습니다." 하면 의미를 극대화시키면서 명확하게 전달한다.

"사울 왕은 아말렉 족속을 패퇴시켰습니다. 그와 그의 군대는 전투에서 돌아오면서 승전가를 불렀으며, 적으로부터 탈취한 양과 살진 소와 염소들로 가득 채운 수레 행렬은 끝이 보이지 않았습니다." 줄친 부분이 과장한 부분이다. 승리의 모습을 부각시키는 데 과장법이 효과적이었다. "네 오른 눈이 범죄하거든 빼어버리라…" 하는 예수님의 표현도 문자적으로 해석해서는 안 되며 '범죄하지 말라'는 의미로 받아들여야 한다. 그것은 단지 과장법일 뿐이다. 의미를 확대해 주며 또 그림처럼 쉽게 알아들을 수 있어서 과장법은 청중들로부터 주의를 끌 수 있다.

동의적 반복(Synonymy)을 사용하라

내용을 선명하게 전달하고자 같은 내용을 반복할 수 있다. 이때에 같은 방법과 같은 단어로 반복하면 단조롭고 지루할 수 있다. 그러므로 단조로움을 피하기 위해서 동의적 반복어를 사용하여 문장을 강조한다.

"당신은 여종 앞에서 예수님을 부인하였고, 당신은 하나님의 눈동자 앞에서 예수를 배반했습니다." 비슷한 내용을 약간씩 다르게 설명하면서 의미를 청중들의 가슴에 각인시킨다.

교회 건축 헌당식에서 설교자는, "여러분의 믿음의 행위는 하나님의 이름을 드러냈으며, 여러분의 헌신의 태도는 하나님의 뜻을 이루었고, 여러분의 충성은 몸된 제단을 일으켰습니다."라고 할 수 있다. 이것은 건축 헌금을 드린 성도들의 믿음을 칭찬하기 위해서 다양한 각도로 언급하였다.

증폭을 사용하라

증폭은 의미의 비중을 처음보다 갈수록 커지게 전달한다. 의미 전달의 비중이 커질수록 청중은 관심을 갖고 귀를 기울이게 된다. 뿐만 아니라 말 뜻을 선명하게 이해시킨다.

> 로마인을 묶는다는 것은 죄를 짓는 일입니다. 그를 채찍질하는 것은 범죄 행위입니다. 그를 창으로 죽이는 것은 비인간적인 살인 행위입니다. 그렇다면 십자가의 극형을 뭐라고 불러야 할까요?[1]

당신을 위해 친구가 대신 빚을 갚아주는 것은 사랑의 태도입니다. 당신을 위해 친구가 대신 감옥에 가는 것은 희생적인 행위입니다. 그러면 당신을 위해 십자가형을 당하신 예수님의 행위를 뭐라고 표현하시겠습니까? (박영재 설교)

십자가의 행위를 최고의 수준으로 끌어올리기 위해 사용된 증폭이다. 갈수록 표현이 강해지면서 강조하고 싶은 부분을 청중의 가슴에 새기는 역할을 한다.

국회의원들이 모인 연회석에서였습니다. ① 그들이 맛있게 식사를 즐기고 있었고 ② 대통령은 음식을 입에 막 넣으려던 참이었습니다. ③ 그 순간 그는 사람들 앞에서 으억으억 하는 큰 소리와 함께 음식물을 마구 토해 냈습니다. ④ 찬물을 끼얹은 듯 주위가 조용해졌고 모두가 그를 응시했습니다.

갈수록 느낌이 강해지고 시선이 모아지게 만든다.

> 그 이듬해 2년 동안 그는 최악의 상태를 맞았습니다. 그의 사업 이익은 줄고, 부채는 늘고, 사업 계획은 악몽이 되었습니다.(The Next two years were some of the worst… Profits shrank. Debts mounted. Work projects became nightmares.)[2]

스탠리의 표현도 갈수록 의미가 증폭되게 하면서 청중의 주의를 끌고 있다.

> 베드로는 하녀들 앞에서 그의 선생 예수를 부인합니다. 베드로는 많은 사람들 앞에서 큰 소리로 예수님을 저주합니다. 그때에 예수님은 베드로를 위해서 모욕과 능욕을 당하고 있습니다. (박영재 설교)

청중들이 마지막 문장을 듣는 순간 그들은 묘한 심정적 변화를 느낀다. 즉 마지막 문장을 듣는 순간 청중들은 카타르시스를 맛보게 된다. 모든 문학 작품은 카타르시스를 일으켜 극적인 효과를 기대한다. 설교의 구성이나 논리 전개에서도 이와 같은 표현은 청중으로부터 극적 효과를 일으킨다.

사도행전에 보면, 베드로가 복음을 전했을 때 초대교회 성도들 3,000명, 4,000명이 회개하고 주님 앞으로 돌아오는 대역사가 일어났다. 이러한 결과는 물론 성령의 강한 역사가 주원인이었겠지만 자기들이 비난했고 죽이라고 외쳤던 대상, 그 예수가 바로 자신들의 죄를 위해 대신 죽으신 분이란 사실을 알았을 때, 그들은 마음속으로부터 카타르시스를 일으키게 되었음은 두말할 필요가 없다. 결국 이러한 카타르시스의 접목이 그들의 가슴에 복음이 효과적으로 파고들어가게 했다.

부정문을 먼저 사용하라

부정적인 문장으로 시작해서 긍정적인 문장으로 끝을 맺으면 긍정문이 더욱 돋보인다. 이런 방법이 청중의 의식을 선명하게 사로잡는다. "… 이 아니라…이다."란 공식을 사용한다.

> 나는 그 복음을 받지도 않았고 배우지도 않았습니다. 단지 성령의 계시로 얻었을 뿐입니다.(바울)

> 제가 이 자리에 선 것은 나의 학식을 자랑하기 위함이 아닙니다. 어쩔 수 없이 시간을 채우기 위함도 아닙니다. 설교에 관심 있는 여러분들에게 도움을 주고 싶은 열정 때문입니다.

> 예수님의 십자가상에서의 죽음은 그의 연약함 때문이 아니었습니다. 폭도들의 저주 때문도 아니었습니다. 빌라도의 우유부단함이나 대제사장의 시기 때문도 아니었습니다. 그것은 하나님의 명령에 대한 예수님의 순종 때문이었습니다.(박영재 설교)

여기서는 부정 문장이 길다. 부정이 길 때 청중들은 "그러면 긍정적인 답은 무엇일까?" 하면서 답을 기대하게 된다. 그러므로 이런 구도는 당연히 청중들의 귀를 사로잡는다. 즉 마지막 문장이 청중들의 귀에 선명하게 들어온다. 마지막 문장이 긍정문이기에 그

의미가 자연스럽게 부각된다.

누가복음 5:1-11의 이야기를 해보자.

> 어부들이 밤이 새도록 한 마리의 고기도 잡지 못한 것은 참으로 서글픈 현실입니다. 그들이 아무것도 얻을 수 없었던 이유는 그들의 서툰 솜씨나 부족한 경험 때문이 아닙니다. 그들은 어업엔 베테랑이었습니다. 열심히 일하지 않아서도 아닙니다. 그들은 수고를 했습니다. 거친 파도와 싸워가며 밤이 새도록 수고를 했습니다. 바다에 고기가 부족해서도 아닙니다. 바다에는 고기가 많이 있었습니다. 고기 잡는 경험과 지식이 있었고 뛰어난 솜씨와 인내, 그리고 풍부한 자원까지 있었습니다.
> 모든 조건을 훌륭히 갖추었음에도 불구하고 그들은 아무런 수확을 거두지 못했습니다. 왜입니까? 그것은 그들에게 앞을 내다보는 힘이 없었기 때문입니다. 그들에게는 어느 곳에 얼마나 고기가 많은지 알 수 있는 힘이 없었습니다. 모든 조건을 골고루 갖추었다 해도 인간은 앞을 내다보는 능력이 없을 때 헛수고를 하게 됩니다.(사랑하는 성도 여러분, 그렇지만 우리 그리스도인은 앞을 내다볼 수 있습니다. 왜냐하면 그리스도께서 우리의 앞길이 어느 곳으로 가야 바람직하며 열매를 맺을 수 있는지 알고 계시고 우리를 그곳으로 인도하시기 때문입니다. 우리가 그분의 인도를 신뢰하고 따라가려는 순종이 있는 한, 우리는 어둠 속에서도 빛을 볼 수 있고, 정글 속에서도 길을 갈 수 있습니다. (박영재 설교)

이 구도는 길고 반복적인 부정을 나타내지만 위의 패턴과 같다. 마지막 부분인 헛수고의 결과는 인간의 갖은 노력에도 불구하고 한계 상황으로 인한 어쩔 수 없는 사실을 부각시켰다.

앞서 나왔던 예(황영조 이야기)를 부정과 긍정을 사용하는 차원에서 다시 살펴보자.

92년도 바르셀로나 올림픽 마라톤은 제게 잊을 수 없는 장면이었습니다. 그토록 목말라하던 마라톤 경기에서 황영조 선수가 조국의 품에 영광을 안겨주었기 때문입니다. 이번 우승은 손기정 선수의 뒤를 이은 몇십 년 만의 쾌거였습니다. 이 경기에서 잊을 수 없는 장면이 있습니다. 그것은 그가 우승 직후 감격했던 장면이 아닙니다. 우리나라의 이름이 온 세계에 알려진 역사적인 순간도 아닙니다.

제가 잊을 수 없는 장면은 "끝이 분명히 있구나!" 하는 사실을 확인하는 장면 때문이었습니다.(황영조 선수가 얼굴을 찡그리며 힘든 발걸음 하나하나를 끝까지 포기하지 않았던 것은 눈앞에 끝이 보였기 때문입니다. 막바지에 이르러 온 힘으로 달릴 수 있었던 것은 그의 눈앞에 끝이 다가왔기 때문입니다. 테이프를 끊는 순간 그는 그 자리에서 픽 쓰러지고 말았습니다. 그는 그랬을 것입니다. "끝났다. 그 지겨운 고독과 고통의 과정은 다 끝났다. 그리고 난 마지막에 이겼다!" 얼마나 감격스러웠겠습니까? (박영재 설교)

설교자의 의도가 선명하게 드러난다. 부정과 긍정법을 사용할 때 말하고자 하는 의도나 주제가 대조를 이루어가며 확실히 드러난다.

이 시대가 안고 있는 문제는 허무주의에 있습니다. 왜 이렇게 늘 피곤합니까? 왜 해소되지 않는 스트레스가 먼지처럼 쌓여갑니까? 왜 끝없이 주저앉고 절망합니까? 문제는 일의 뜻을 모르고 있어, 의미가 없기 때문입니다. 미래에 대한 약속이 보이지 않기 때문입니다. 그래서 피곤합니다. 돈을 벌지 못해서 피곤한 것이 아닙니다. 목적과 방향이 잘못되어서 피곤합니다. 출세하지 못해서 피곤한 것이 아닙니다. 하나님 앞에서 당당하지 못하기 때문입니다….

(곽선희, 「참회의 은총」)

하나님께서 인간에게 에덴 동산을 주실 때에, 만물을 다스리고 주관하라 하셨습니다. 그분은 우리에게 행복을 주셨으나 안일을 주신 것은 아닙니다. 자유를 주셨으나 방종을 주신 것은 아닙니다…. 하나님께서 우리에게 주신 것은 복된 사람이 되게 하신 것이었습니다.
(곽선희, 「참회의 은총」)

이 용법을 한 편의 설교 안에서 너무 많이 사용하지 않도록 하는 것이 좋겠다. 이런 표현을 지나치게 사용하면 효력이 떨어진다.

최상급을 사용하라

베드로는 출렁이는 시커먼 바닷물에 오른발을 내딛습니다. 그리고 왼발마저 내밉니다. 그리고 주님을 바라보며 한발 한발 떼기 시작합니다…. 그의 용기보다 더 뛰어난 용기를 가진 사람이 있을까요? … 주님을 바라볼 때 우린 용기가 생깁니다. 물 위를 걷는 용기, 죽음을 두려워 않는 용기가 생깁니다. 그렇습니다. 삶의 주위만을 둘러보면 실망스럽고 좌절스럽기만 합니다만 주님을 바라보면 불끈 힘이 솟습니다. 사랑하는 성도 여러분, 힘들 때 주님을 바라보십시오. 솟아나는 용기를 얻을 것입니다. (박영재 설교)

이것은 최상급을 사용한 것이며 더 이상 비교할 만한 것이 없는 최선의 것임을 나타낸다.

"어머니를 때렸다고? 판사님, 더 이상 무슨 설명이 필요하겠습니까?" 하고 변호사가 더 이상 말할 가치조차도 없다는 듯이 말하면 이 또한 설득적인 언어이다.

텔레비전 극중 대사에 나왔던 문장이다. 어느 것이 가장 효과적인지를 맞추어 보자. 어머니가 아들에게 혼을 내고 있다고 가정해 보자.

① 너, 어제 밤에 술 먹고 과속으로 운전하다가 걸렸다며? 그것도 고불고불한 빗길을?

② 너, 고불고불한 빗길을 술 먹고 과속으로 운전하다가 걸렸다며? 그것도 밤에?

③ 너, 어제 밤, 고불고불한 빗길에서 과속으로 운전하다가 걸렸다며? 그것도 술 처먹고?

가장 중요한 단어를 마지막에 진술하라. 그래야 청중의 마음속에 그 중요한 부분이 선명하게 남는다.

수사 질문을 사용하라

수사 질문은 질문을 위한 질문이 아니다. 단조로운 문장 구조를 피하고 청중들의 의식을 사로잡으려는 데 그 목적이 있다. 이를 위해서 설교자는 세 분야로 사용할 수 있다.

먼저, 강조하기 위해서 수사 질문을 사용한다.

> 자네는 그리스도인일세. 그리고 자네는 그리스도인처럼 살고 있잖은가? 그런데 자네의 자녀들에게 불교를 따르라고 강요하는 것은 옳지 않은 일일세.
>
> 자네는 그리스도인일세. 그리고 자네는 그리스도인처럼 살고 있잖은가? 그런데 어찌하여 자네의 자녀들에게는 불교를 따르라고 강요하는가?

위 마지막 문장의 질문은 답을 하라는 것이 아니다. '자네'가 잘못임을 강조하고 있다. 평서문보다 더 효과적이다.

둘째로, 예상된 질문을 끌어내기 위해서 수사 질문을 사용한다.

우리가 그리스도인답게 살지 못하면서 그리스도의 제자라고 말할 수 있습니까?

이것은 청중이 스스로 답변을 하게 하고 생각할 기회를 주면서 설교자의 의도대로 이끌 수 있기 위함이다.

셋째로, 앞서 언급한 내용과 비슷한 내용을 또다시 말할 때는 수사적 질문으로 이끌면 지루한 감을 없앰과 동시에 의미 전달이 더 분명해진다.

우리의 삶 속에 행동과 말이 그리스도의 제자답지 않을 때가 있습니다. 그럴 때 우리는 그리스도인으로서 과연 이래도 되는가 하는 자책을 갖습니다. 우리가 그리스도인답게 살지 못하면서 그리스도의 제자라고 말할 수는 없습니다.

이렇게 말하면 첫 문장하고 둘째 문장하고 내용이 비슷해서 다소 지루한 감을 준다.

우리의 삶 속에 행동과 말이 그리스도의 제자답지 않을 때가 있습니다. 그럴 때 우리는 그리스도인으로서 과연 이래도 되는가 하는 자책을 갖습니다. 그러고 보면 우리가 그리스도인답게 살지 못하면서 진정 그리스도의 제자라고 말할 수 있습니까?

위 문장과 비교해 볼 때 훨씬 도전적이고 자극적일 수 있으며 지루한 감을 피하게 된다. 예수님도 수사적 질문을 애호하셨다. 산상수훈을 분석해 보라. 수사적 질문의 큰 유익 중 하나는 대화체(dialogical)를 만들어 낸다는 데에 있다.[3] 수사적 질문을 사용함으로써 설교자가 독백이나 일방적인 외침이 되기 쉬운 함정으로부터 벗어나서 청중들로 하여금 설교를 함께 만들어나가도록 유도하는 것이다. 수사적 질문을 적당하게 사용하라. 지나치게 사용하면 설교가 질문만 던지는 인상을 줄 수 있다.

유사를 활용하라

A문장의 진리를 설명하기 위해 이와 비슷한 B문장을 동시에 언급하여 A문장의 진리를 더 쉽고 선명하게 전달하는 작업이다. 이것은 B문장이 그림을 그리는 듯한 설명을 함으로써 듣는 사람이 A문장을 쉽게 이해하는 것이다.

"신부가 신랑을 긴장감과 기대감 속에 기다리듯이 우리는 주님의 재림을 고대해야 할 것입니다."

여기서 주님의 재림을 성도들이 어떤 마음으로 기다려야 하는가를 설명하기 위해서 "신부가 신랑을 긴장감과 기대감 속에 기다리듯이"란 표현을 했다. 결국 주님을 고대하는 마음 자세를 청중들로 하여금 쉽게 그림을 그리듯이 이해하도록 했다.

"어리석은 자를 교훈하는 것은 돼지에게 진주 목걸이를 걸어주는 것과 같습니다." 혹은 "지옥에서 주님을 찾는 것은 지나간 열차에 손을 흔드는 것과 같습니다." "밤이 깊을수록 별이 더욱 빛남같이, 핍박이 심하면 심할수록 우리 신앙 행위는 더욱 선명해질 것입니다." 등은 전하고자 하는 진리를 선명하게 만든다. 필자는 이런 유사 사용을 설교에 즐겨 사용한다. 한 가지 기억해야 할 것은 한 편의 설교 안에서 유사 사용이 너무 많지 않도록 조심해야 한다는 것이다. 지나친 유사 사용은 유사의 독특성을 감할 뿐만 아니라, 오히려 진부하게 느껴질 수 있다.

은유(Metaphor)를 활용하라

A라고 하는 물건이나 사람을 상징적이거나 상상할 수 있는 대체물로 대신 나타냄으로써 의미를 선명하게 전달한다. 대체물을 통해서 듣는 사람들로 하여금 그림을 연상하게 만든다. 결국 의미를 선명하게 이해하게 한다.

"이 군인은 수많은 군사들에 의해 잡히고 말았습니다."보다도 "이 사자는 기어이 수많은 군사들에 의하여 잡히고 말았습니다." 여기서 이 '사자'는 '용감한 용사'를 의미함을 알 수 있다. 이처럼 짐승을 사용하면서 사람의 특징을 나타낼 때 의심할 여지없이 선명하게 된다. 사자, 곰, 뱀, 독수리 등의 짐승들 중 하나를 선택할 때 그 성격도 파악하게 된다. "걔는 여우야." 혹은 "그 사람은 늑대야."란 한마디의 말을 통해 그 사람의 성격을 즉각 파악할 수 있다.

"인생의 긴 터널을 걷는 동안 여호와의 말씀은 정녕 내 발의 등이었습니다." 여기서 '긴 터널'은 고통스런 시기를 암시한다. "인생의 고통스런 기간 동안 여호와의 말씀은 정녕 나를 인도했습니다."보다 얼마나 더 선명한가? "주님은 나의 목자였고 산성이었습니다."는 "주님은 나를 인도하셨고 나를 지켜주셨습니다." 하는 것보다도 시적이며 의미가 풍부한 '목자' 나 '산성' 이란 이미지 언어 혹은 그림언어가 들어갔다.

이런 단어들의 사용으로 의미 전달이 선명하게 된다. 주님이 자신에게 어떤 분이었는가를 충분히 느끼게 만든다. "당신은 내 마음의 호수요 나의 태양입니다." '호수' '태양' 등은 역시 그림언어이다. "죄악을 끊게 하옵소서."보다도 "죄악의 탯줄을 끊게 하옵소서." 하는 것이 더 효과적이다. 왜냐하면 생명체가 탯줄을 끊고 나오는 것이 연상되기에 "죄악의 탯줄을 끊는 순간 새 생명이 탄생하는구나!" 하는 상상을 하게 한다.

"이번 부흥회를 통해서 단단한 우리의 마음밭을 깊게 갈게 하시고 말씀의 씨앗이 떨어져 30배 60배의 결실을 맺을 수 있는 옥토가 되게 하옵소서." 얼마나 잘 그려졌는가! 기도문이 쉽게 이해된다. "하나님은 그로부터 주의를 끌려고 붉은 잉크를 사용하셨습니다."(God had used the red ink to gain his attention.)[4] 붉은 잉크가 주의를 나타내는 색상임을 떠오르게 한다.

직유(Simile)를 사용하라

설교자들이 가장 쉽게 효과적으로 사용하는 방법이다. '…처럼, …같은' 등의 조사를 사용한다. 이 또한 그림을 그리듯 이해하는

데 도움을 준다. 우리에게 낯익은 문장들을 열거해 보자.

"돌 같은 내 마음을 녹이시옵소서." 여기서 '돌'은 '굳은 내 마음'을 대변한다. "사자 같은 용기를 내게 주소서." '사자 같은'은 '용맹스런' 모습을 나타낸다. "바울 같은 복음의 열정을 내게 주옵소서."는 바울이 복음에 대한 열정이 얼마나 뛰어난지를 이미 알고 있기에 이미지 전달이 선명해진다. "모세에게 들려주신 능력의 지팡이를 내게도 주사 능력의 종 되게 하옵소서." 모세의 지팡이가 어떤 역할을 했었는지를 이미 알고 있기에 이미지 전달이 선명하다.

부르그만(Walter Bruggemann)은 「마침내 시가 나오다」(Finally Comes the Poet)에서 현대 설교가 시적 표현을 가미하지 않으면 더 이상 쓰임받을 수 없다고 단언했다. 이를 위해서 그는 설교자들이 은유법, 직유법, 유사 등을 사용하는 것이 필수라고 강조한다. 결국 이미지 언어가 현대인들에게 가장 깊숙이 그리고 정확하게 설교의 의미를 던져줄 수 있음을 강조한 것이다. 필자도 이에 전적으로 동감한다.

대위법(Polyptoton)을 사용하라

같은 의미를 다른 형태로 나타냄으로써 신선하게 강조한다.

바울은 갈라디아서에서 "만일 누구든지 너희의 받은 것 외에 다른 복음을 전하면 저주를 받을지어다"(갈 1:9) 했다. 여기서 '다른 복음을 전하면 우리는'과 '너희의 받은 것 외에 다른 복음을 전하면'의 표현이 사실상 같은 것이지만 언어의 차이를 약간 두면서 반복해서 설명했다. 강조하기 위함인 것이다.

"육체로는 죽음이요 성령으로는 생명이다. 세상으로는 파멸뿐이요 신앙으로는 영생이로다" 이러한 표현도 언어들이 다르고 센스도 조금씩 다르나 결과는 한 가지, 신앙과 비신앙과의 차이점과 그 결과를 밝히는 것이다.

> 하나님은 우리가 그를 알기 전에 그가 먼저 우리를 아셨고, 우리가 그를 사랑하기 전에, 그가 먼저 우릴 사랑하셨고, 우리가 그를 부르기 전에 그가 먼저 우릴 부르셨으며, 우리가 그에게 다가가기 전에 그가 먼저 다가오셨습니다. (박영재 설교)

이것은 "하나님이 주도권을 쥐시고 인간을 구원하신다."는 내용을 강조한다. 동시에 단조로운 반복을 피하면서도 청중들의 관심을 끌 수 있는 신선함을 제공한다. 결국 반복해서 강조하고자 할 때, 언어의 다양성과 음율에 맞추는 것이 듣는 사람들에게 자연스럽고 선명하게 들린다.

제유법(Synecdoche)을 활용하라

일부로써 전체를 나타내는 법이다.

바울은 "나는 육체로나 혈통으로 복음을 받은 것이 아니라…" 여기서 '육체'나 '혈통'은 인간적인 면의 일부분으로서 전체인 인간을 나타낸다. "결혼 행진곡은 당신의 결혼식을 생각나게 하지 않습니까?" 한다면 '결혼행진곡'이 결혼을 나타내는 것이라고 볼 수 있다. "또 여러분들이 내는 몇백 원은 건축 중인 교회의 벽돌 한장을 쌓는 것입니다." 이것은 곧 주님께 헌신하는 것임을 말한다.

'우리'를 사용하라

성도들의 잘못을 지적할 때나 비난을 할 때 설교자는 설교자 자신과 청중을 분리하지 말고 '우리'란 단어를 사용함으로써 설교자 자신도 포함되어 있음을 말하라. "우리는 모두가 주님 앞에 죄인일 뿐입니다." "여러분은 모두가 죄인입니다."를 사용해선 안 된다. 설교자만 의인인 것처럼 인식되기 때문이다.

인과의 법칙(Cause and Result)을 통한 논리를 활용하라

원인과 결과의 법칙을 설교에 사용하라. 선명한 전달을 위한 필수 과제이다.

> 기자는 마약 사용 혐의로 잡혀 온 소년에게 마약을 처음에 어떻게 사용하게 되었느냐고 물었습니다. '자기 아버지가 사용하는 것을 보고 배우게 되었다.'고 말했습니다. 누가 그를 마약 사용자로 만들었습니까? 누가 그의 인생을 파탄으로 이끌었습니까? 다름 아닌 그의 아버지입니다.

이 설교는 결과를 먼저 말하고 원인을 추궁하는 방법으로서 연속되고 있기 때문에 청중들에게 흥미를 북돋운다.

> 하와의 죄스런 행동은 아담이 하나님께 불순종하게 만들었습니다. 그 결과 낙원으로 쫓겨나고 불멸의 축복을 잃고 말았습니다.

이것은 하와의 행동의 결과를 밝힘으로써 그의 행동이 그릇된 행동임을 판단하도록 유도하고 있다. 원인(불순종)을 먼저 밝히고 결과를 언급했다. 즉 행동의 결과를 밝힘으로써 판단의 근거를 제시하는 것이다.

> 아이 성 침략을 눈앞에 둔 채 아간은 탐욕스런 범죄를 저질렀고 이스라엘은 하나님께 의지하지도 간구하지도 않은 채 자신들의 힘만을 믿었습니다. 그 결과 그들은 뼈아픈 실패를 맛보아야 했고 가슴을 찢는 후회의 눈물을 삼켜야 했습니다. (박영재 설교)

여기서도 원인을 먼저 말하고 결과를 말하는 연결고리를 볼 수 있다. 연결고리는 청중들이 설교를 이해하는 데 쉽도록 도움을 준다.

"우리는 우리의 미래에 대해서 염려할 필요가 없습니다. 왜냐하면 하나님이 우리의 삶을 죽음 이후까지 붙들고 있기 때문입니다." 혹은 "교회에 1,000원을 기부하는 것은 구제 사업에 도움이 됩니다. 1,000원은 아프리카에서 아기의 한 주간 식량을 살 수 있는 돈이기 때문입니다." 이 또한 원인을 밝힘으로 해서 결과가 더 선명해지도록 만든다. 이러한 이유들은 청중들이 행동에 옮기도록 하는 명분을 양산한다. 결국 연결 고리를 통한 논리는 청중들에게 관심을 갖도록 유도하는 작업을 한다.

말씀 인용을 통해 권위를 지니라

우리는 서로 사랑해야 합니다. 왜냐하면 하나님이 말씀하셨기 때문입니다.

빌리 그레이엄의 "성경은 말하길…"은 좋은 본보기이다.

하나님의 사랑스런 말씀은 오늘 우리에게 말씀하십니다. 서로 사랑하라…." "우리 주님은 지금 우리에게 명령하십니다…. (박영재 설교)

성도들이 하나님의 말씀을 인정하고 있으므로 설교자들은 성경의 권위를 내세우면서 설교해야 한다. 많은 설교자들이 자신들의 영적인 권위나 목사의 권위를 내세워서 말씀에 힘을 실어보려는 태도를 갖는다. 바람직하지 않다. 말씀인 성경의 권위로 성도들을 설득하라.

평행구조(Parallelism)를 사용하라

평행구조는 비슷하거나 반대가 되는 사상들이나 단어 그리고 문장들을 반복하는 경우를 말한다. 평행 단어들, 구(句)들, 절(節)들, 문장들은 우리의 생각을 호소하는 데 선명하게 만든다.

평행구조는 추상적인 사상조차도 관계를 설명함으로써 잊지 못할 문구나 호소가 되게 한다.

> 생각을 심고, 그것을 자라게 해서 행동으로 거두라. 행동을 심고 습관을 자라게 하라. 습관을 심고 인격을 자라게 하라. 인격을 심고 운명을 자라게 하라. (Munzing, Living a Life of Integrity)

> 믿음은 시작이요 일은 생의 지속입니다. 믿음은 안이요 일은 겉입니다. 믿음은 동기요 일은 결과입니다. 믿음은 뿌리요 일은 열매입니다. (곽선희,「참회의 은총」)

> 심령이 가난한 자는 복이 있나니 천국이 저희 것임이요 애통하는 자는 복이 있나니 저희가 위로를 받을 것임이요 온유한 자는 복이 있나니 저희가 땅을 기업으로 받을 것임이요…

평행구조는 리듬을 타면서 진행되기 때문에 청중이 이해하는 데 도움이 된다.

권사 취임식에서 설교자는 이렇게 시작할 수 있다.

사람은 날 때가 있는가 하면 죽을 때가 있습니다. 심을 때가 있는가 하면 거둘 때가 있습니다. 시작할 때가 있는가 하면 마칠 때가 있습니다. 오늘은 여러분들에게 어떤 날입니까? 주님의 영광과 하나님 나라 확장을 위해 나이에 상관없이 쓰임받기 시작한 날 아닙니까?
(박영재 설교)

잃어버린 보석 때문에 안타까워서 우는 사람, 자신의 욕심을 채우지 못해 분노의 울음을 터뜨리는 사람은 많지만, 자신의 영적 빈곤 때문에 안타까워 애통하는 사람은 많지 않습니다. (박영재 설교)

사람은 보리밥에 된장만으로도 식욕이 왕성할 때가 있는가 하면, 꿀을 먹고도 단맛을 느끼지 못할 때가 있습니다. (박영재 설교)

때때로 사람들은 사람을 죽이러 갈 때가 있는가 하면 또 어떤 때는 치료하러 갈 때가 있습니다. (박영재 설교)

불만스런 교회의 환경을 보고 독설을 품는 사람은 많지만, 교회를 위하여, 목회자를 위하여 눈물을 흘리는 사람은 많지 않습니다.
(박영재 설교)

만족한 조건 속에서도 불평 속에 사는 이가 있는가 하면, 악조건 속에서도 감사하며 사는 사람이 있습니다. 촛불 속에서도 자족한 감사의 기도를 올리는 사람이 있는가 하면, 화려한 전등 아래서 원망의 독설을 퍼붓는 사람이 있습니다. (박영재 설교)

평행구조 사용은 설교자의 의도가 확실하며 선명하게 전달되는 것을 돕는다. 한 가지 명심할 것은 한 설교에서 평행구를 지나치게 사용하지 말라는 것이다. 지나치면 오히려 독특성이 사라진다.

능동태를 사용하라

수동태는 항상 의사 전달이 선명하지 않다. 능동태가 선명하다. 예를 들면 "베드로는 주님으로부터 사명자로 부르심을 받았습니다."보다 "주님은 베드로를 사명자로 부르셨습니다."가 더 선명하다. "예수님은 대제사장의 군대에 의해서 뺨을 맞았습니다."보다 "대제사장 군대는 예수님의 뺨을 때렸습니다."가 더 적극적으로 이미지를 심는다. "나를 위해서 맛있는 음식이 아내에 의해서 준비되어 있었습니다."보다도 "아내는 날 위해 맛있는 음식을 준비했습니다."가 더 적극적이다.

바울은 언제나 능동태 직설법을 선호하였다. 베일리(Bailey)의 분석을 들어보자.

> 그는 수동태를 별로 사용하지 않았다. 그는 동작을 묘사하는 동사와 행동을 요구하는 동사를 사용했다. 그는 과거와 미래를 매우 권위 있게 말했다. 갈라디아서 6장 1-9절의 동사들을 보면 그 단어들이 가지는 힘을 생각해 볼 수 있다. "드러나거든, 바로잡고 돌아보는, 시험을 받을 자, 두려워하라, 지라, 성취하라, 되지 못하고, 생각하면, 속임이라, 살피라, 짐을 질 것임이니라, 가르침을 받는, 함께하라, 속이지 말라, 만홀히 여김을 받지 아니하시나니, 심든지, 거두리

라, 행하되." 단어들의 다양함과 활기가 두드러진다.[5]

우리는 바울로부터 능동적인 언어 사용을 배울 수 있다. 능동적인 단어나 문장을 사용하라. 특히 동사 사용에 있어서 능동태를 사용하라.

불필요한 단어를 제거하라

강조하고 싶은 단어를 끝에 사용하라.
어느 것이 가장 선명한 문장인가를 살펴보라.

> 미국에서 이민생활을 포기하고 영주 귀국하는 40대 부부에게 공항에서 기자는 왜 돌아가느냐고 물었습니다. 그때 남편은 "지난 6년 동안 이곳 캘리포니아에서 성공해 보려고 갖은 노력을 했습니다만 남는 것은 피로와 탈진뿐이었습니다." 하고 말했습니다. (박영재 설교)

위 문장을 다음과 같이 썼다고 생각해 보자.

> 미국에서 6년간 이민생활을 하다가 그만두고 영주 귀국하는 사람이 공항에 있었습니다. 그때 기자는 왜 돌아가느냐고 물었습니다. 그때 한 사람이 "지난 6년간 이곳 캘리포니아에서 성공해 보려고 무진 노력을 했습니다. 하지만 남는 것은 피로와 탈진뿐이었습니다." 하고 말했습니다. (학생 A)

학생 A의 경우 무엇이 문제인가? 생각해 보자. A의 경우는 매우 많은 부분을 생략할 수 있다. 우리가 얼마나 많은 부분에 불필요한 단어나 문장을 사용하는가? 짧으면서도 의미 있는 문장을 만들려고 노력하라.

> 미국에서 6년간 이민생활을 하다가 탈진하고 피로해진 사람이 영주 귀국하려고 공항에 나왔는데 그때 기자가 왜 돌아가느냐고 묻자 이곳 캘리포니아에서 성공해 보려고 했지만 남는 것은 피로뿐 아무 것도 없었다고 말했습니다. (학생B)

이 문장의 문제는 주제가 '피로와 탈진'이었음을 밝히려는 것인데 이미 앞서서 언급했기 때문에 뒤에서 다시 밝히는 것은 약효를 덜하게 만든다. 전달하고자 하는 목적을 마지막까지 아꼈다가 터트려라. 또한 문장을 짧게 하라. 위의 문장은 너무 길다. 청중은 긴 문장을 이해할 수 없다.

대조하라

대조 설명은 의사 전달에 선명성을 가져온다. 한 문장만 사용할 때 의미 전달이 어렵지만 대조하며 사용할 때 그 힘은 훨씬 크게 발휘된다. "그는 무한한 하나님이다."라고만 한다면 의미가 특별히 와닿지 않는다. 하지만 "그는 무한한 하나님이시지만 나는 유한한 인간이다."라고 할 때 의미가 분명해진다. "둥근 틀로 바꾸라" 하는 대신 "딱딱하고 네모진 사진틀 대신 부드럽고 둥근 틀로 바꾸라."

또 간음치 말라 하였다는 것을 너희가 들었으나 나는 너희에게

이르노니 여자를 보고 음욕을 품는 자마다 마음에 이미 간음하였느
니라 (마 5:27)

또 눈은 눈으로, 이는 이로 갚으라 하였다는 것을 너희가 들었으나
나는 너희에게 이르노니 악한 자를 대적지 말라 (마 5:38, 39)

너는 내게 발 씻을 물도 주지 아니하였으되 이 여자는 눈물로 내
발을 적시고 그 머리털로 씻었으며 너는 내게 입맞추지 아니하였으
되 저는 내가 들어올 때로부터 내 발에 입맞추기를 그치지 아니하였
으며 너는 내 머리에 감람유도 붓지 아니하였으되 저는 향유를 내 발
에 부었느니라 (눅 7:44-46)

하나님은 사람을 품으려 했으나 사람들은 그로부터 벗어나고자 했
으며 하나님은 그들의 발걸음을 인도하려 했으나 사람들은 그분의
안내를 외면하려 했으며 하나님은 그들을 구원하려 했으나 그들은
하나님의 은총을 거부했습니다. (박영재 설교)

앞 문장과 뒷 문장이 대조 혹은 대칭을 이루며 설명되고 있다.
이러한 대조는 설명에 있어서 선명성을 제공한다.

반복하라

이 시대의 특징은 매우 다양합니다. 그중 하나는 도덕적인 타락
입니다. 타락을 부끄럽게 생각지 않습니다. 죄악이 만연된 사회입
니다. 지도자들조차도 오염된 죄에 무감각합니다. 이스라엘이 죄악
의 홍수 속에서 흥청거리고 있을 때 이사야는 하나님의 **진노의**

말씀을 외쳤습니다. 거짓 예언을 타파하고 백성들을 죄로부터 끊게 하는 **진노의 검**을 휘두른 것입니다. 사랑하는 여러분, 말씀의 종으로 부름을 받은 여러분, 그러므로 부패한 이 세대를 향해 여호와의 **진노의 말씀**을 외치십시오.

　이 시대의 또 다른 특징은 진실로 따라야 할 참 진리가 없습니다. 믿고 따라야 할 진리가 없기에 사람들은 정신적으로 우왕좌왕할 뿐입니다. 사랑하는 사역자 여러분, 진실을 찾느라 방황하는 이 세대를 향해 하나님의 **진리의 말씀**을 선포하십시오. 각박한 사회 속에서 외로움에 떨고 있는 이 세대에 **위로의 말씀**을 전하십시오. (박영재 설교)

　굵은 글씨는 반복을 나타낸다. 반복을 통해 전달할 의미를 강조한다. 흑인 설교가들이 이런 반복법을 효과적으로 사용한다.
　마틴 루터 킹의 반복되는 연설문을 보자. "내게는 꿈이 있습니다. 언젠가 소년 소녀가 색깔에 관계 없이 손에 손을 잡고 함께 노래할 그 날을 기대하며… 내게는 꿈이 있습니다…. 내게는 꿈이 있습니다…." 여기서 중요 문장, '내게는 꿈이 있습니다'가 반복적으로 쓰이고 있다. 설교에서도 중요 문장이 반복적으로 쓰이면 청중이 이해를 잘하게 된다.

긍정문을 사용하라

　여러분 지난 주에 얼마나 힘드셨습니까? 말씀으로 승리하길 원하지만 그렇지 못할 때가 많았습니다. 남들을 사랑한다고 하면서도 우리도 모르게 남을 미워하고 질투하고 원망하고 증오할 때가 많았습니다. 이 모든 더러움을 하나님 앞에 회개합시다. (모 목사)

이 문장에서 무엇이 문제인가? 지나치게 부정적인 색채가 문제 아닌가? 다음 문장을 보자.

여러분 지난 주에 얼마나 힘드셨습니까? 말씀으로 승리하길 원하지만 그렇지 못할 때가 많았습니다. 남들을 사랑한다고 하면서도 반대로 행했던 우리들은 아니었는지 우리 자신을 말씀 앞에 비추어 보고 불의스러운 모든 것을 하나님 앞에 회개합시다.

아래 문장이 더 바람직하다. 지나치게 성도들의 부정적인 내면을 들추어내는 것은 오히려 역효과를 가져올 수 있다. 그러므로 긍정문을 사용하라. 설교자의 긍정문은 마음에서 나옴을 기억하라.

화법 사용에 있어서 특히 주의해야 할 것이 있다. 그것은 한 설교 안에서 같은 종류의 화법이 지나치게 많이 사용되지 않게 하는 것이다. 한 편의 설교 속에서 적당하게 사용하라. 그리고 의미를 선명하게 전달하는 데 도움이 되는 횟수만큼 사용하라.

8. 그림언어를 사용하라

Pictorial Diction

"공중에 나는 새를 보라!"

"들에 핀 백합화를 보라!"

설명보다 경험하게 하신

설교의 영원한 원형 예수님께 배우는

그림언어 생성법, 구사법.

살아 움직이는 새로운

설교언어 세계로 초대!

Pictorial Diction

그림언어를 구사하라

설교자는 청중들이 설교를 듣고 그것을 그림으로 그릴 수 있는 언어를 사용해야 한다. 추상적이고 철학적이고 그림으로 그려지지 않는 언어는 듣자마자 쉽게 잊어버리거나 이해하기가 힘들다. 리처즈(I. A. Richards)는 우리가 사용하는 언어를 3개의 종류로 나눈다.[1]

사실(refrential)언어, 감정(emotive)언어, 수사(rhetorical)가 그것이다. 사실언어는 진리(Information)만 전달하는 경우 사실적인 내용 즉, 본질만 전달하는 경우에 쓰인다. 예를 들면, "고성인 서울은 한국에서 가장 큰 도시이다."

감정언어는 말 그대로 감정을 일으킬 목적으로 사용하는 문장에 사용된다.

> 강산이 변했어도 50번은 변했을 긴 역사를 지닌 서울은 공룡 같은 자태와 코스모스와 같은 고결함으로 자리매김 해왔다.

수사언어는 문장의 핵심을 전달하되 감정과 시적인 표현이 가미된 것이다.

고풍스런 서울은 한국에서 가장 큰 공룡 도시의 자태를 뻐기고 있다.

좀더 구체적으로 설명해 보자. 사실 언어는 단지 사실만을 나타내고 과학적인 목적에 주로 사용된다. 감정 언어는 객관적인 객체를 나타내는 것도 없이 시적이고 감정적이다. 수사 문장은 사실을 담고 있되 매력적이고 애정을 느끼게 하는 문장이다. 설교자는 사실 문장이나 감정 언어 혹은, 수사 문장 등을 설교에서 다양하게 사용하라. 특히 수사 문장이 비교적 바람직하며 효과적이다. 왜냐하면 시적이면서도 사실을 묘사하는 데 설교 문장으로서 그림언어적이기 때문이다.

그림언어 문장의 사용

추상적인 단어를 사용하지 말고 구체적으로 느끼고 그림으로 연상시킬 수 있는 단어나 문장을 사용하라는 것은 '말을 하는 대신 보여주라.'(Show rather than tell.)는 것이다. 예수님은 청중들에게 "들의 백합화를 보라, 공중에 나는 새를 보라. 심지도 가꾸지도 아니하지만 자라지 않는가. 하물며 우리 인간들을 하나님께서 돌봐주시지 않겠느냐?" 하는 말씀을 하셨다. 결국 주님은 청중들이 이미지를 떠올릴 수 있는 그림언어를 사용하셨다. 다시 말해서 예수님은 "우리 하나님은 사람을 보호하십니다." 하지 않고 언제든지 쉽게 이해하고 오랫동안 간직할 수 있는 그림언어를 사용하셨다.

"예수님은 우리를 위해서 큰 고통과 아픔을 당하셨습니다." 대신 "우리 주님은 살이 찢기는 아픔과 뼈까지 쑤시는 고통을 겪으셨습니다."로 하면 더 구체적이 되고 생생하게 된다.

"베드로는 예수님의 훌륭한 제자였습니다." 한다면 청중은 베드로가 어떻게 얼마나 많이 훌륭했는지를 알 수 없다. '훌륭한' 이란 단어가 추상적이다. 그러므로 어떻게 훌륭한지 그 내역을 밝혀야 한다.

> 베드로는 예수님이 부활한 후 무덤을 제일 먼저 찾아간 적극적인 사람이었습니다. 예수님이 잡히시던 밤 대제사장의 군졸의 귀를 단칼에 잘랐던 용기 있는 사람이었습니다. 시커먼 바다 위로 대담하게 발을 내디딘 담대한 사람이었습니다. 베드로는 제자들 중 가장 훌륭한 예수님의 수제자였습니다. 그러나 오늘 본문에서 그는 예수님을 3번 부인하는 처참한 실패자의 모습을 보여주고 있습니다. (박영재 설교)

피상적인 '훌륭한' 이란 단어의 의미가 이미 앞에서 잘 설명되었다. 그 설명은 구체적이었고 그림으로 연상할 수 있는 언어들이었다. 그러므로 설명이 충분하다.

"그는 화가 났어요."보다 "그는 얼굴이 붉어졌고 이를 꽉 다문 채 주먹으로 테이블을 짓눌렀습니다."가 화난 정도나 모양을 청중이 상상하게 만들어준다. 워렌 위어스비(Wiersbe)는 사람을 표현할 때 동물의 성격을 묘사해야 비로소 의사 전달이 이루어질 수 있다고 본다(Preaching & Teaching with Imagination).

예수께서는 헤롯을 '교활한 사람이며 믿지 못할 사람' 이라고 말씀하지 않고 '여우' 라고 은유적으로 말씀하셨다. 이 동물적 성격을 묘사함으로 청중이 상상을 통해서 헤롯의 성격을 그림으로 그릴 수 있게 만든 것이다.

성경에는 그림언어가 무궁무진하다. 요즘 젊은이들이 "오늘 기분 어때?" "흐림이야." 혹은 "박찬호 선수가 이번 시즌엔 어떻게 될 것 같아?" "박찬호는 장래가 밝아." 하지 않고, "박찬호는 맑게 갬." 그리고 "선동열은 아직 흐림이야." 하는 것은 매우 이미지적이며 선명한 전달 효과를 가져온다. "어제 고속도로를 지나가는데 차끼리 부딪쳐 사고가 났어." 하는 것보다 "94년형 소나타가 93년형 티코를 들이받아서 티코가 뒤집어지는 것을 보았어." 하는 것이 훨씬 구체적이며 청중이 이해하는 데 정확성을 제공한다.

"인간은 다 죽는다."는 말은 진리이지만 사람들을 졸리게끔 한다. 그러나 "브라운 씨의 아들이 지금 죽어가고 있습니다." 하고 말한다면 온 회중의 마음 안에 사랑의 공동체가 형성된다고 크래닥(Craddock)은 말하고 있다. 멀티미디어 시대에 살고 있는 회중에게는 진리를 설명만 해서는 안 되고 그의 지성과 의지와 감성을 포함한 전인을 향한 메시지가 되어야 한다.

합리적인 설득이나 설명으로는 그의 삶이 변화되지 않고 그 사람의 마음을 지배하고 있는 이미지와 은유가 바뀌어야 삶이 변화된다고 한다. 성경의 저자들처럼 이미지와 은유, 이야기, 상상력을 불러일으키는 언어만이 사람의 심성을 지배하는 옛 이미지와 은유를 새 것으로 바꾸어 삶을 변화시킬 수 있는 것이다. (계지영,「그말씀」)

"나에게는 꿈이 있습니다."에서의 마틴 루터의 그림언어를 보자. "앞으로 온 민족이 나누어지지 않고 하나가 되길 희망합니다." 하지 않고, "그날은 흑인과 백인, 유태인과 이방인, 구교도와 신교도 이 모든 하나님의 자녀들이 손에 손을 잡고 옛 흑인 영가의 한

구절을 노래하게 되는 바로 그날이 될 것입니다."라고 하는 것과 "흑인은 백인들에 비하여 가난하고 외롭게 살고 있습니다."라고 하는 대신 "백년이 지났지만 흑인들은 거대한 물질적 풍요의 대양 한가운데에 있는 외로운 가난의 섬에서 살고 있습니다." 하는 것이 이미지가 선명하다.

> 그러나 나는 정의의 궁전으로 가는 감격스러운 입구에 서 있는 여러분께 말씀드려야 할 것이 있습니다… 비통과 증오의 잔을 마심으로써 자유를 위한 우리의 갈증을 해소시키려 해서는 안 된다는 것입니다.

> 절망의 골짜기에서 빈둥거리지 맙시다…. 나는 언젠가는 피에 물든 조지아의 언덕에서 옛적 노예의 아들과 옛적 노예 소유주의 아들들이 형제애에 넘치는 밥상에 함께 앉을 수 있을 것이라는 꿈을 지니고 있습니다. 나는 언젠가는 나의 네 명의 어린 자녀들이 그들의 피부 색깔에 의해 판단받지 않고 그들의 인격에 따라 판단받을 나라에서 살게 될 것이라는 꿈을 지니고 있습니다….

왜 킹의 연설이 설득적이고 힘이 있으며 쉽게 이해되는가? 왜 연설에 결단을 하고 싶게 만드는가? 청중들이 그림을 그릴 수 있도록 도와주기 때문이다. 청중이 상상하도록 그림언어를 사용하기 때문이다.

에드워즈(Jonathan Edwards)의 상상력을 통한 그림언어 표현을 보자.

> 우리는 그(하나님)의 꾸짖음에 땅이 진동하고 바위가 날아가는,

그분 앞에 서 있다는 생각을 잊지 말아야 하겠습니다…. 하나님의 공의의 칼은 패역한 자들의 머리 위에서 늘 움직이고 있습니다. 하나님의 자비와 선하신 의지만이 그 칼을 도로 칼집에 꽂도록 만드는 것입니다…. 지옥의 불구덩이는 이미 마련되어 있습니다. 용광로는 이제 뜨겁게 달아 있으며 그들을 받아들일 준비가 완료되어 있습니다. 지옥의 불길은 붉은 혀를 널름대고 번쩍이는 날선 칼은 이미 그들의 머리 위에 놓여 있으며 구덩이는 입을 벌리고 있는 것입니다…. 회개하지 않은 자들은 지옥 구덩이를 덮고 있는 연약한 뚜껑 위를 걷고 있으며, 그 뚜껑에는 그들의 무게를 견디지 못하고 무너져 내리게 될 지점들이 수없이 많습니다….[2]

이 본문은 지옥에 대한 설명으로 설명을 위한 설명이 아니고 청중으로 하여금 그림을 그릴 수 있도록 만든다.

연설의 부분들이 쉽게 이해되게 하기 위해서는 이처럼 그림언어를 사용해야 한다. 그림언어는 청중의 상상력을 자극하고 결정적인 결단을 내리게 만든다.

스토리 설교

본문에서 언급하지 않는 부분을 설교자가 상상을 동원하여 만들어 내는 것이다. 한 가지 조심해야 할 것은 본문을 벗어난 상상은 금물이라는 것이다.

창세기 22장 4절에 보니 하나님은 아브라함에게 아들과 함께 사흘길이나 먼길을 가서 희생 제단을 쌓으라고 하셨습니다. 왜 그러셨

을까요? 한두 시간 떨어진 가까운 동산에서가 아닌 왜 3일씩이나 먼 길을 가게 한 다음 제단을 쌓으라고 하셨을까요? 만약 아들을 바치라고 명령하신 직후에 그 일을 하라고 했다면 오히려 더 쉬웠을 것입니다. 그러나 3일 간의 긴 기간을 둠으로 해서 더 어려웠을 것입니다. 3일 간의 긴 여행을 하면서 깊은 고민에 빠졌을 것입니다. '사랑하는 내 아들을 정말 죽여야 한단 말인가? 주실 때는 언제고 바치라고 하는 것은 웬 말씀입니까? 차라리 가축을 바치라면 100마리라도 바치겠고 토지를 바치라면 바치겠습니다.

아니 차라리 나를 바치라면 기꺼이 바치겠습니다. 100세에 얻은 금보다도 귀한 내 아들, 나의 전부요 희망이요 기쁨인 하나밖에 없는 아들을 바치라니요?' 원망도 하소연도 했을 것입니다. 하지만 한편으론 '아니야 내가 오죽 이삭만을 사랑했으면 이 이삭으로 말미암아 나를 시험하실까? 순종해야지. 순종하면 설마 하나님이 아들을 죽이시려고?' 아브라함은 사흘 동안 많은 생각을 하였고 많은 고민도 하였습니다만 하나님이 순종하는 자기에게 다른 숫양을 준비해 주실 것이라는 믿음으로 산을 향했습니다. (박영재 설교)

본문의 범위를 벗어나지 않는 상태에서 본문의 내용을 상상으로 확대시켰다. 한 가지 예를 더 들어보자.

그런데 아브라함에게 한 가지 문제가 생겼습니다. 모리아 산 정상에 올랐지만 기대했던 숫양은 보이질 않았습니다. 순간적으로 아찔했습니다. 자식을 바치러 가면서도 하나님이 아들 대신 양을 준비하실 것이라는 생각으로 위로받으며 믿음으로 왔는데 그 믿음이 물거품이 되어버렸습니다. 또 다른 차원의 고민이 생겼습니다. '차라리 내려갈까? 내려간다고 설마 하나님이 어떻게 하시랴? 아들 없이 제사를 드릴까?' 이런 연약한 생각이 들기도 하다가 원망이 솟아 오르기도 했을 것입니다…. (박영재 설교)

그러나 믿음의 사람 아브라함은 9절에 보니 단을 쌓기 시작합니다. 나무를 벌여놓습니다. 무거운 표정, 천천히 움직이는 동작, 참으로 고통스럽습니다. "아버지, 제사에 쓸 어린양은 어디 있습니까? 왜 나를 묶습니까? 저를 죽이시렵니까? 아버지, 저를 사랑하지 않습니까? 무서워요! 저를 살려주세요!" 끊임없는 아들의 절규가 메아리를 치며 사방으로 퍼져나갑니다. 아브라함의 귓전을 뒤흔듭니다. 아브라함은 이삭을 결박하는 속도가 빨라집니다. 그리고 그를 나뭇단 위에 세워놓고 차고 있던 칼을 빼듭니다. 그리고 아들을 쳐다봅니다. "아들아 난 너를 사랑한단다. 정말로 사랑한단다. 그러나 너보다 하나님을 더 사랑한단다. 하나님의 말씀이 내게 더 중요한단다. 미안하구나. 용서해 다오. 하나님이여 내 아들을 받으소서!" 칼을 높이 듭니다. 이삭도 자기의 생명을 포기합니다. 내려치는 순간, 그때입니다. 하늘로부터 들려오는 우레와 같은 음성, "아브라함아, 아브라함아! 그 아이에게 손대지 말라." (박영재 설교)

이 내용은 짧은 본문을 상상을 통해서 확대시킨 것이다. 청중들로 하여금 이 사건을 마치 영화를 보듯 만들어주는 역할을 하고 있다. 신약은 이삭이 순종했다고 말한다. 이 말씀을 벗어나지 않으려고 필자는 "이삭도 자기의 생명을 포기했습니다."라는 문구를 넣었다. 장면 재현은 청중들에게 흥미를 유발시키고 말씀에 빠져들게 하는 장점이 있다.

> 베드로는 실패하고 난 뒤 갈릴리 어부로 되돌아갔습니다. 그는 아마도 다시 그물을 던지며, "나 같은 놈이 무슨 주님의 수제자라고 떠벌려 왔는가? 죽음이 두려워 그토록 사랑하던 주님을 일순간에 부인하다니. 더구나 저주까지… 나 같은 사람은 주님의 제자가 될 자격이 없어."라고 했을런지 모릅니다. (박영재 설교)

> 그러나 우리 주님은 실패한 베드로를 찾아 갈릴리 바닷가에 나타나셨습니다. 그리고 "베드로야, 네가 나를 사랑하느냐?"고 세 번을 물으셨습니다. 보통 사람 같으면 보자마자, "네가 그럴 수가 있느냐? 난 진심으로 널 아끼고 사랑했는데, 날 배반하다니, 맹세까지 해놓구선… 나쁜 놈…." 하며 따귀라도 때리며 욕설과 저주를 퍼부었을지 모릅니다. 그러나 주님은 단 한마디의 책망도 하지 않았습니다.
>
> (박영재 설교)

스멜리(Gary Smalley)는 그림언어가 일상 생활에서의 대화에서도 엄청난 힘을 지니고 있음을 밝히고 있다.³ 예를 들면 바람이 나서 집을 나간 아빠를 돌아오게 하려는 딸의 편지에서 "아빠 돌아오세요. 우리는 아빠가 필요해요. 윤리적으로 생각해도 그것은 옳지 않아요." 하지 않았다. 단지 아빠가 자신들의 삶에 필요하다는 것을 그림을 그리듯 설명함으로써 아빠가 쉽게 이해하게 하여 아빠의 마음을 설득했다.

> 아빠, 저는 우리 가족이 오랫동안 좋은 차를 타고 있었다고 생각해요. 아빠는 항상 회사 차 같은 그런 차를 가졌으면 했잖아요. 안에는 온갖 좋은 것들로 치장되어 있고….
> 그러나 세월이 지나면서 그 차 안에 조금씩 문제가 생기기 시작했어요. 차에서 매연이 많이 나오고 바퀴가 흔들거리고… 우리는 아빠가 운전하고 엄마가 그 곁에 앉아 있을 때는 정말 안전하다고 생각했죠. 그러나 지난 달에는 엄마가 운전을 했어요. 웬 차가 우리를 향해 질주해 오자 피하려 했지만 그 차에 사정없이 들이받히고 말았어요…. 엄마는 심하게 다치고 저는 갈비뼈가 두 개나 부러졌어요….
> (「그림언어·사랑언어」, p. 32)

아빠의 필요성을 어떤 때에 어느 곳에 필요한지 그림으로 연상하도록 아빠를 설득해 나가고 있다. 일상 대화에서도 상대방이 그림을 그릴 수 있도록 만들라. 그림언어를 사용하라는 것이다. 예수님도 그림언어를 사용하셨다. "만일 네 오른 눈이 너로 실족케 하거든 빼어 내버리라. 네 백체 중 하나가 없어지고 온몸이 지옥에 던지우지 않는 것이 유익하다." 얼마나 선명한 그림언어인가. "좋은 나무가 나쁜 과실을 맺을 수 없고… 백합화를 생각하여 보라…" 예수님은 강한 이미지를 심어주는 그림언어를 사용하셨다.[4]

본문 설명에 있어서나 적용 부분 혹은 문장 사용에 있어서 상상력을 불러일으키는 그림언어는 청중을 설득하는 대단한 힘을 가지고 있다. 청중들이 상상력이 풍부한 설교를 듣다 보면 그들 스스로 그림을 그리게 되고 곧 결단을 위한 힘을 축적하게 된다. 위어스비는 그의 저서, 「상상이 담긴 설교와 교수」(Preaching & Teaching with Imagination)에서 현대인들은 현대 교육에 길들여져 있다고 단언한다.

현대 교육은 이성을 발전시키는 데에만 초점을 맞추어 왔을 뿐 상상력을 발휘하게 하는 교육은 거의 전무하다시피하였다. 미국의 실용주의 사상이 실제적인 면을 다루는 것과 과학주의 사고가 사실을 입증하려는 데에만 노력해 왔기에 하나님이 주신 풍부한 상상력의 힘을 거부 내지는 무시해 왔다. 이제 설교는 잃었던 상상력을 되찾아서 청중이 상상의 나래를 펴도록 도와주어야 할 것이다.

과학자들이 인간도 달에 갈 수 있다고 상상했다. 그 상상은 마침내 인간을 행동으로 옮기게 했다. 용돈이 궁한 청년이 TV극 '수사반장'을 보고서 자기도 극(劇)에서처럼 도둑질을 하면 성공할 수 있다고 상상했다. 그리고 행동으로 옮겼다. 인간은 상상으로 펼쳐질 때 행동으로 옮기게 된다. 상상이 되지 않으면 논리면에서 지적인 면에서 동의는 할지언정 행동으로까지 옮기지는 않는다. 인간을 움직이는 것은 그가 가진 상상력이 최대한으로 발휘될 때이다.

그러므로 청중이 상상하게 만들라. 논리를 전개하면서도 설교가 청중들로 하여금 상상의 그림을 그리게 하고, 상상의 날개를 펴게 하는 구성을 하라. 이를 위해서 가장 좋은 설교 구성법은 스토리식 설교가 가장 바람직하다. 「사랑언어 · 그림언어」는 우리 설교자들이 그림언어를 사용했을 때 얼마나 효과가 큰가를 단적으로 보여주는 내용이다. 설교자는 생생한 이미지, 은유와 스토리, 상상력을 불러일으키는 다채로운 언어, 즉 그림언어를 사용할 줄 알아야 한

다. 이를 위해서 스멜리는 정서적 그림언어를 만들어내는 일곱 단계를 밝히고 있다.[5]

첫째, 분명한 목적을 세우라.

무엇을 말할 것인가 하는 분명한 목적은 그림언어를 만들어내는 데 도움을 준다. 말하고자 하는 목적이 선명할 때 그림언어를 선택하는데 매우 큰 도움을 준다. 그러기 위해서 그림언어를 사용하는 것이 분명히 효과가 있음을 확신해야 한다. 즉 생각과 느낌을 명료하게 하기 위하여, 더욱 친밀해지기 위하여, 어떤 사람을 칭찬하고 격려하기 위하여, 혹은 애정을 가지고 다른 사람을 꾸짖기 위한 분명한 목적을 세운 뒤 어떤 그림언어를 사용할 것인지를 결정한다.

둘째, 다른 사람의 관심거리에 대해서 깊이 연구하라.

상대방에게 그림언어를 사용하려면, 사전에 알아야 할 것이 있다. 그 사람의 과거를 조사하고 그 사람의 현재를 무시하지 말라. 즉 그 사람이 어릴 적에 좋아했던 것을 살펴보고, 어른이 되어서 싫어하는 것이 무엇인지를 알아보고, 또 그가 좋아하는 스포츠와 오락과 음식과 음악이 어떤 것인지를 알아보라. 그가 몰고 다니는 차를 조사해 보되 그 사람이 그 차를 어떻게 관리하고 있는지도 알아보라. 그리고 그가 좋아하는 오락은 무엇이며, 어떤 경우에 초과 근무를 하게 되는지 알아보라. 그러면 상대방과 대화할 때 사용하기에 적절한 그림언어를 발견해 내는 데에 상당한 도움을 얻을 수 있다.

셋째, 마르지 않는 네 개의 샘에서 끄집어내라.

마르지 않는 네 개의 샘이란 모든 인간 속에 그림언어를 활용할 수 있는 자원을 말한다. 먼저, 자연으로부터이다. "당신은 벌처럼 아름다운 자태를 지니고 있습니다." 혹은 "나비처럼 여유를 가지고 일하시는군요." 혹은 "황혼 같은 한가로움이 당신에게 있군요." 하고 말할 수 있다. 자연을 세밀히 관찰할 때 이런 표현을 얻을 수 있다. 상상할 수 있는 언어는 자연으로부터 주어짐을 기억하라.

일상 생활에서도 상상 언어를 끄집어 낼 수 있다. 이것은 생활 환경이나 생활 속에서 일어나는 상황들을 분석 관찰함으로써 그림언어를 위한 소재를 발견하는 것이다. 예를 들면, "당신은 소파처럼 안락해요."는 생활 속에서 얻을 수 있는 그림언어이다. 이외에도 비유로부터, 혹은 과거의 기억을 끄집어내어 그림언어를 사용할 수 있다.

넷째, 이야기를 미리 연습하라.

다섯째, 방심하지 말고 적절한 시간을 택하라.

여섯째, 해보고 또 해보라.

일곱째, 그림언어를 힘껏 짜내라.

그림언어를 사용한다는 것은 쉽지 않다. 많은 노력이 필요하다. 남이 보지 못하는 것을 볼 수 있는 섬세함이 필요하고 남이 느끼지 못한 것을 느끼며 표현할 수 있어야 한다. 상대방과 대화할 때 그 상황 속에 잘 맞는 표현을 할 줄 아는 지혜도 있어야 한다. 게다가 훌륭한 그림언어 사용을 위해서 화자(話者), 혹은 연설자의 많은 노력이 필요하다.

상상력을 자극하는 방법을 위해서 미첼 투르니에(Michel Tournier)가 지은 「상상력을 자극하는 110가지 개념」을 참고하라. 또 설교자의 감성을 키우기 위해서 감성을 키우는 방법에 관해 도전을 주는 책들을 참고하라.

설교의 논리가 아무리 뛰어나다 할지라도, 설교에 청중을 설득하는 방법이 아무리 효과가 많더라도, 설교의 화법이 아무리 화려하게 입혀진다 할지라도, 설교에 그림언어를 아무리 유효 적절하게 사용한다 할지라도, 성령이 임재하지 않으면, 그 설교는 하나님의 능력 있는 말씀이 될 수는 없다. 설교에 건전한 성경 해석이 들어 있지 않고는 바른 설교가 될 수 없다. 성령의 도우심을 먼저 구하면서 올바른 해석을 하라. 동시에 창의력을 발휘하라!

참고문헌과 주석

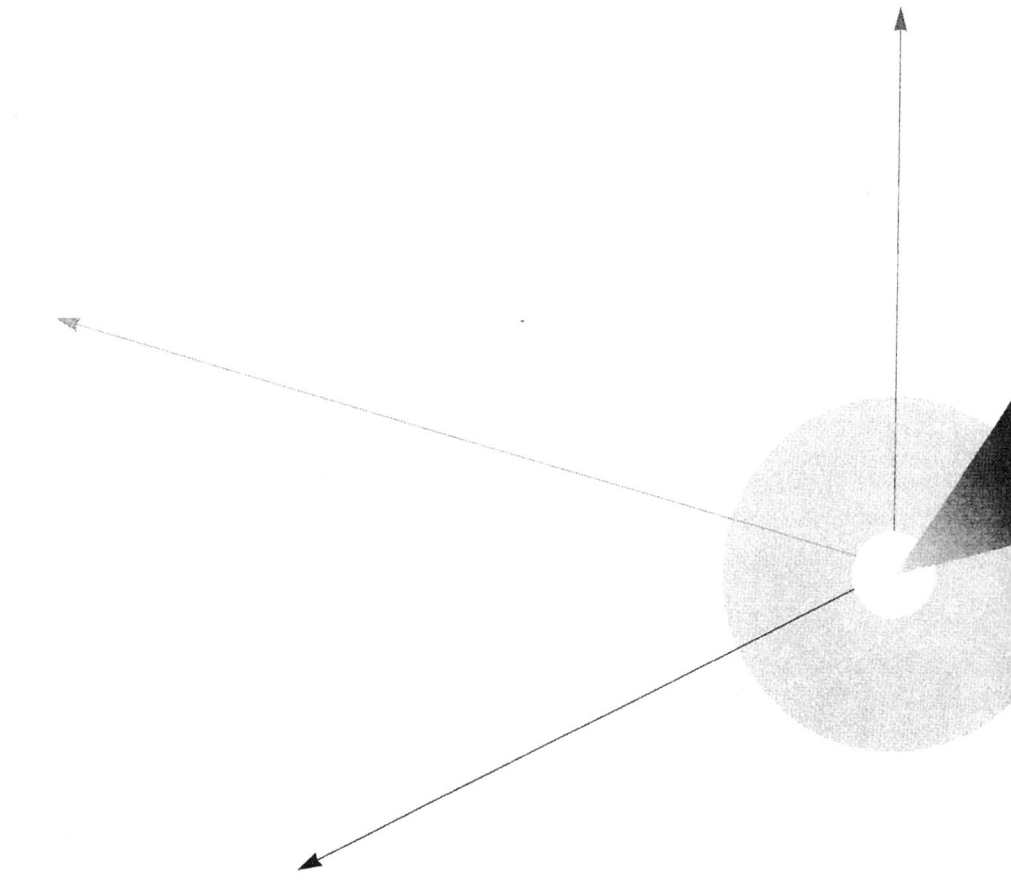

참고 문헌

Aristotle. The Rhetoric of Aristotle.

_____. The Poetics.

Bailey, Raymond. Jesus the Preacher.

_____. Paul, the Preacher.

Bitzer, Lloyd. "The Rhetorical Situation", Philosophy and Rhetoric.

Bruggemann, Walter. Finally Comes the Poet.

Burke, Kenneth. Rhetoric of Motives.

Foss, Sonja. Contemporary Perspectives on Rhetoric.

Galli, mark and Craig Larson. Preaching That Connects.

Golden, James and Edward Corbett. The Rhetoric of Blair, Campbell and Whately.

Kennedy, George. New Testament Interpretation through Rhetorical Criticism.

Larsen, David. The Anatomy of Preaching.

Loscalzo, Craig. Preaching Sermons That Connect.

Monroe, Alan. Principles and Types of Speech.

Perelman, Chaim. The New Rhetoric.

Quintilian, Institutio Oratoria

Watson, D.F. Invention, Arrangement and Style.

Whately, Richard. Elements of Rhetoric.

Wilder, Amos. Early Christian Rhetoric.

Wiersbe, Waren. Preaching & Teaching with Imagination.

게리 스멜리,「사랑언어 · 그림언어」

Wuellner, Wilhel. Where Is Rhetorical Criticism Taking Us?

김득순, 논리학 문답

박영재, Rhetorical Criticism of Galatians 1:6-2:21 for the Significance of Preaching.

박영재, Chaim Perelman's Rhetorical Theory and Its Implications for Preaching.

박영재, 미래 설교의 새 지평

주

서문

1. James Philips, "Preaching in History", Evangelical Review of Theology 8 (1984), 300.

1장 설교에 수사학을 사용하라

1. 전병욱, 「마른 뼈도 살아날 수 있다」, (서울 : 나침반, 1996).
2. 해돈 라빈슨, 「확신에 이르게 하는 설교」, 김진우 역 (서울 : 도서출판 횃불, 1995).
3. Aristotle, The Rhetoric of Aristotle, ed. Lane Cooper. 34th. (Englewood Cliffs, NJ : Prentice-Hall, 1988), p. 7.
4. Raymond Bailey, 「설교자 예수」, 이명희 역 (대전 : 침례신학대학교, 1996).

2장 수사학의 기본 개념을 알라

1. 이 3가지를 위해서 필자는 불른너(Wuellner)의 「수사 비평은 우리에게 어떤 의미가 있는가?」 (Where Is Rhetorical Criticism Taking Us?), 비처(Bitzer)의 「수사적 상황」 (The Rhetorical Situation), 케네디(Kennedy)의 「수사 비평을 통한 신약 해석」 (New Testament Interpretation through Rhetorical Criticism), 왓슨(Watson)의 「논리, 구성 그리고 스타일」 (Invention, Arrangement and Style), 그리고 박영재의 「갈라디아서 1:6-2:21의 수사 비평과 설교를 위한 의미」 (Rhetorical Criticism of Galations 1:6-2:21 for the Significance of Preaching)를 참조하였다.

2. George Kennedy, New Testament Interpretation through Rhetorical Criticism (Chapel Hill : The University of North Carolina Press, 1984), p. 33.

3. Chaim Perelman and L. Olbrechts-Tyteca, The New Rhetoric : A Treatise on Argumentation. Trans. John Wilkinson and Purcell Weaver (Nortre Dame : University of Nortre Dame Press, 1969), pp. 17-19.

4. Jay E. Adams, Preaching with Purpose (Grand Rapids : Zondervan Publishing House, 1982).

5. Llyod F. Bitzer, "The Rhetorical Situation," Philosophy and Rhetoric, 1 (1968), P. 4.

6. Kenneth Burke, A Rhetoric of Motive (New York : Prentice-Hall

Press, 1950), p. 21.

7. 이에 대한 자세한 내용은 박영재, "Rhetorical Criticism of Galatians 1:6-2:21 for the Significance of Preaching," Th.M. thesis(The Southern Baptist Theological Seminary, 1993)를 참조하라.

8. Bitzer, "The Rhetoric Situation" Philosophy and Rhetoric, 8.

9. Kennedy, New Testament Interpretation, p. 36.

10. Christian Buehler, Speech Communication : A First Course (New York : Harper & Row, 1962), pp. 46-47.

11. James Cox, Preaching (San Francisco : Harper & Row, 1985), pp. 7-15.

3장 수사학이 설교에 주는 교훈들

1. 좀더 자세한 Perelman의 수사학 이론을 참고하려면 박영재, "Chaim Perelman's Rhetorical Theory and Its Implication for Preaching," Ph.D. (The Southern Baptist Theological Seminary, 1996)을 보라.

2. Karl Barth, Homiletics. trans. Geoffrey W. Bromiley and Donald E. Daniels (Louisville : Westerminster, 1991).

3. Perelman, The New Rhetoric, pp. 13-62.

4. 자세한 내용을 위해서 Burke의 A Rhetoric of Motives, pp. 1-54를 보라.

5. Ibid. Burke의 이론을 설교 속의 청중에 적용시킨 다음 책을 참조하라. Craig Loscalzo, Preaching Sermons that Connect (Downers Grove : IVP, 1992), pp. 20-33.

6. I. A. Richards, The Philosophy of Rhetoric (London : Oxford University Press, 1936).

7. C. K. Ogden and I. A. Richards, The Meaning of Meaning, A Study of the Influence of Language Upon Thought and of the Science of Symbolism (New York : Harcourt and Brace, 1923).

8. Craig Loscalzo, Preaching Sermons That Connect, pp.15-33.

4장 청중 설득의 4가지 요소

1. 이에 관한 자세한 내용을 위해서는 아래의 책들을 참조하라. 박영재, "Rhetorical Criticism of Galatians 1:6-2:21 for the Significance of Preaching"; 박영재, "Chaim Perelman's Rhetorical Theory and Its Implications for Preaching"; Edward Corbett, Classical Rhetoric for the Modern Student. 2nd ed. (New York : Oxford University Press, 1971).

2. Bailey, 「설교자 바울」, 이명희 역(대전 : 침례신학대학교), p. 113.

3. Aristotle, The Rhetoric of Aristotle(Cambridge Harvard University Press 1939), p. xxvi.

4. Ibid.

5. 김득순, 「논리학 문답」(서울 : 도서출판 새날, 1993), p. 126.

6. Bailey, 「설교자 예수」, pp. 144-45.

7. Artistotle, The Rhetoric of Aristotle, pp. 1-89.

8. Alan H. Monroe, Principles and Types of Speech, 5th ed. (Chicago : Scott, Foresman and Company, 1962), pp. 303-40.

9. 설교구성 분석 : Donald Allen Waite의 Ph.D.논문 "The Evangelistic Speaking of Billy Graham, 1949-59"(Purdue University, 1961)에서 발췌했다.

10. 이에 관한 내용은 필자의 책을 참조하라. 박영재, 「미래 설교의 새 지평」(서울 : 규장문화사, 1997).

11. James L. Golden and Edward P. J. Corbett, The Rhetoric of Blair, Campbell and Whately(Carbondale and Edwardsville : Southern Illinois Uni versity Press, 1990), PP. 23-57.

12. 좀더 자세한 도움을 위해서 다음의 책을 참조하라. Bailey, 「설교자 바울」 pp. 111-12.

13. Walter L. Liefeld, New Testament Exposition (Grand Rapids : Zondervan, 1984), pp. 81-91.

5장 논리를 개발하라

1. Aristotle, The Rhetoric, pp. 21-3 ; Perelman, The New Rhetoric, p.115

2. Ibid.

3. Richard Whately, Elements of Rhetoric. ed. Douglas Ehninger (Carbondale : Southern Illinois University Press, 1963), pp. 108-32.

4. Perelman, The Realm of Rhetoric (Notre Dame : University of Notre Dame Press, 1982), p. 25.

5. 자세한 정보를 위해 아래를 참조하라. Perelman, The Realm of Rhetoric, p. 26; The New Rhetoric, p. 74.

6. Perelman, The Realm of Rhetoric, p. 30.

7. Ibid, p. 50 ; Aristotle, The Rhetoric of Aristotle, pp. 159-81.

8. Perelman, The New Rhetoric, pp. 171-88.

6장 선한 의지를 자극하라

1. Alan H. Monroe, Principles and Types of Speech, pp. 488-501
2. Lawrence Crabb, Understnading People(Grand Rapids : Zonclervan, 1988), p. 116.
3. 사람의 선한 의지와 관련된 심리적인 분석에 대한 연구는 아래의 책을 참조하라. 정동섭,「어떻게 사람을 변화시킬 수 있는가?」(서울 : 요단출판사, 1996), pp. 52-5.

7장 논리에 화법을 덧입히라

1. Quintilian, Institutio of Oratoria. 4vols trans. H. E. Butler. Loeb Classical Library (Cambridge : Harvard University Press, 1920), VIII. iv. 6-9.
2. Charles Stanley, How to Listen to God (Nashville : Oliver Nelson, 1985), p. 45.
3. Raymond Bailey,「설교자 예수」, 이명희 역 (대전 : 침례신학대학교, 1996), pp. 127-33.
4. Charles Stanley, How to Listen to God, p. 45.
5. Raymond Bailey,「설교자 바울」, p. 127.

8장 그림언어를 사용하라

1. I. A. Richards, The Meaning of Meaning : A Study of the Influence of Language Upon Thought and of the Science of Symbolism (1923; rpt. New York : Harcourt, Brace, 1930).
2. Jonathan Edwards, "하나님의 진노 아래 놓여 있는 죄인들", 「가장 훌륭한 25편의 명설교」 (서울 : 생명의 말씀사, 1989), pp. 12-25.
3. 게리 스멜리, 「사랑언어·그림언어」 (서울 : 요단출판사, 1996). p. 32.
4. 예수님의 그림언어 사용에 대한 자세한 도움을 위해서 다음을 참조하라. Bailey, 「설교자 예수」, pp. 55-78.
5. 게리 스멜리, 「사랑언어·그림언어」, Ibid., pp. 75-154.

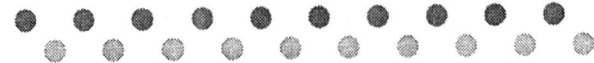

곧 지혜가 네 마음에 들어가며
지식이 네 영혼을 즐겁게 할 것이요.

(잠 2:10)

요단 사역정신

"그러므로 너희는 가서 모든 민족을 제자로 삼아 아버지와 아들과 성령의 이름으로 침(세)례를 베풀고 내가 너희에게 분부한 모든 것을 가르쳐 지키게 하라 볼지어다 내가 세상 끝날까지 너희와 항상 함께 있으리라 하시니라"

1. **For God and Church**
   하나님의 영광과 그의 몸 된 교회의 영적 성장과 성숙을 위한 도서를 엄선하여 출판한다.

2. **Prayer-focused Ministry**
   기획·편집·제작·보급의 전 과정을 기도 가운데 진행한다.

3. **Path to Church Growth**
   건강한 교회를 세우는 축복의 통로로 섬긴다.

4. **Good Stewardship and Professionalism**
   선한 청지기와 프로정신으로 문서 사역에 임한다.

5. **Creating a Culture of Christianity by Developing Contents**
   각종 문화 컨텐츠를 개발함으로 기독교 문화 창달에 기여한다.